Lexique anglais/français français/anglais

Audit – Comptabilité – Contrôle – Finance

Pierre van der GHINST
Professeur associé à l'ICN Business School

ellipses

ISBN 978-2-7298-3617-7

32, rue Bargue 75740 Paris cedex 15

www.editions-ellipses.fr

Avant-propos

Ce lexique anglais – français et français – anglais propose les traductions des termes normalement utilisés en audit, comptabilité, contrôle de gestion et finance. L'approche utilisée pour le réaliser est globale et transversale par rapport à ces quatre métiers. Elle se veut donc pratique.

L'objectif poursuivi est d'élaborer un ouvrage essentiellement opérationnel et facile à utiliser. Les termes choisis ont été sélectionnés à partir d'index d'ouvrages, de listes, de documents divers. Il a été élaboré dans un contexte où la langue, le vocabulaire et les définitions évoluent.

Lorsque cela s'est avéré nécessaire, nous avons indiqué les différences existant entre les termes anglais (GB) et américains (US).

Ce lexique s'adresse tant aux professionnels des métiers du chiffre qu'aux étudiants concernés.

Anglais/Français

A

abatement

- *price **abatement*** : réduction, rabais
- *tax **abatement*** : dégrèvement
- **ABB** (activity-base budgeting) : budgétisation par activité

ABC (activity-based costing) : comptabilité par activité, comptabilité à base des causes

ABC *analysis* : analyse ABC (loi du Pareto)

ABM (activity-based management) : management à base d'activité

to **absorb** : absorber (une entreprise)

absorbed *overheads* : frais généraux attachés aux coûts de revient

absorption costing : méthode du coût complet

abstract : **résumé**

- *to **abstract** minutes* : extraire des passages de procès-verbaux de conseils, d'assemblées, etc.
- ***abstract** of account* : relevé de compte

accelerated depreciation : amortissement accéléré (ou dégressif)

acceptance : acceptation

acceptance of audit findings : acceptation des conclusions (recommandations) d'audit

access control : contrôle d'accès

access to records : accès aux documents

acceptable level : niveau acceptable

to **account for** : comptabiliser

account : compte, poste (comptable) ; relevé de compte

- ***account*** *analysis* : analyse d'un compte
- ***account*** *balance* : solde
- ***account*** *books* : livres comptables
- *to* ***account*** *for* : rendre compte de, justifier de
- ***account*** *payable* : compte à payer
- ***account****s payable* : comptes fournisseurs (et rattachés)
- ***account****s payable ledger* : grand livre auxiliaire fournisseurs
- ***account*** *receivable* : compte à recevoir
- ***account****s receivable* : comptes clients (et rattachés)
- ***account****s receivable ledger* : grand livre auxiliaire clients

accountability for : responsabilité (de)

accountancy profession comptable, expertise comptable

accountant : comptable (diplômé), expert comptable

- *assistant* ***accountant*** : aide-comptable

accounting : comptabilité

- ***accounting*** *change* : changement de méthodes comptables
- ***accounting*** *date* : date de comptabilisation
- ***accounting*** *department* : service comptable
- ***accounting*** *entity* : l'entité comptable
- ***accounting*** *entry* : écriture comptable
- ***accounting*** *estimate* : estimation comptable
- ***accounting*** *framework* : cadre comptable, principes (et structure) comptable
- ***accounting*** *manager* : directeur comptable
- ***accounting*** *manual* : manuel comptable, guide comptable
- ***accounting*** *period* : exercice comptable, période comptable
- ***accounting*** *policies* : pratiques comptables suivies par l'entreprise
- ***accounting*** *practice* : pratique comptable
- ***accounting principles*** : principes comptables, conventions comptables de base
- ***accounting*** *procedure* : procédure comptable
- ***accounting*** *process* : processus comptable
- ***accounting*** *records* : livres, archives, documents comptables

- ***accounting*** *result* : résultat comptable
- ***accounting*** *standards* : normes comptables
- ***accounting*** *system* : système comptable, plan comptable

Accounting principles : principes comptables, normes comptables :

- ***accrural*** : spécialisation des exercices
- ***conservatism*** : prudence
- ***consistency of methods*** : permanence des méthodes comptables
- ***full disclosure*** : information claire, suffisante et fiable
- ***going concern*** : continuité d'exploitation
- ***historical costs*** : coûts historiques
- ***matching principle*** : rattachement des charges aux produits qu'elles concernent
- ***materiality*** : importance relative
- ***no compensation*** : non compensation
- ***substance over form*** : prééminence de la réalité (économique) sur l'apparence (juridique)
- ***separate entity*** : entité distincte
- ***time period*** : séparation des exercices
- ***relative importance*** : importace relative (seuil de signification)

accrual : charge à payer, accumulation (coûts, revenus, produit à recevoir)

- ***accrual*** *accounting* : comptabilité d'engagement
- ***accrual*** *principle* (UK), ***accrual*** *basis* (US) : principe de séparation ou de spécialisation des exercices

accruals : régularisations, ajustements, abonnement des charges

to **accrue** : comptabiliser les charges courues, constatées d'avance ; courir (ex. accrued interests) ; s'accumuler, s'accroître (expenses, revenues)

accrued : constaté d'avance, couru

- ***accrued*** *asset* : produit à recevoir
- ***accrued*** *charge, cost, liabilities* : charges à payer, charges constatées
- ***accrued*** *expenses* : charges constatées d'avance
- ***accrued*** *income tax* : provision pour impôt
- ***accrued*** *income, revenue* : produit constaté d'avance
- ***accrued*** *interest* : intérêt couru provisionné
- ***accrued*** *payable* : charge à payer
- ***accrued*** *revenue* : revenu courru

accruing : à échoir

accruing to : imputable à

accumulated depletion : provisions pour épuisement des ressources non renouvelables (ex. : mines, gisement)

accumulated depreciation : amortissement cumulé

accumulated earnings : report à nouveau ; résultat non affecté

accumulated losses : pertes reportées

accumulated profits : bénéfices reportés

accumulated total : cumul, total cumulé

accumulation of costs : accumulation de coûts (par attachement)

to achieve : atteindre, accomplir, réaliser

achievement : réussite, atteinte, avancement

accuracy : exactitude, fiabilité (chiffres)

accurate : exact

acid test ratio : ratio de liquidité réduite

acquisition : acquisition, achat, investissement

- ***acquisition*** *accounting* : comptabilité en coûts historiques
- ***acquisition*** *cost* : coût d'acquisition, coût d'achat et de mise en service
- ***acquisition*** *review* : étude préalable de la situation d'une entreprise en vue de son acquisition

action : intervention, mesure

to **activate** : déclencher, mettre en route, lancer, actionner

activity : activité

activity based costing : see **ABC**

activity based management : see **ABM**

activity driver : inducteur d'activité

activity level : niveau d'activité

activity network : réseau d'activité

primary **activity** : activité primaire

secondary **activity** : activité secondaire

support **activity** : activité de soutien

activity variance : écart d'activité

actual : réel, concret

- ***actual*** *cost* : coût réel
- ***actual*** *yield* : rendement effectif

to **add up** : additionner

addition : addition ; acquisition (d'immobilisation)

additional disclosures : annexes

additional paid-in-capital (paid-in-capital ; paid-in-surplus (US)) : prime d'émission, prime de fusion

adequacy : justesse, adéquation, suffisance

adjusted balance : solde ajusté

adjusted trial balance : balance après inventaire, balance de vérification après ajustements

adjusting entry : écriture d'ajustement, écriture d'inventaire (ou de clôture)

adjusting event : événement postérieur à la clôture

adjustment : régularisation, ajustement

adjustments, prior period : pertes et profits sur exercices antérieurs

administered price : prix imposé

administrative costs (charges) : frais de gestion (ou administratifs)

administrative director : directeur administratif

advance : arrhes

- ***advance*** *payment* : ***acompte***

- ***advance** repayments* : remboursements anticipés
- ***advanced*** : moderne, évolué

adverse : défavorable, déficitaire

adverse opinion : opinion défavorable

adverse variance : écart défavorable

advise note : bon d'expédition

affiliated company : filiale (au pluriel : sociétés apparentées)

to **age inventories** : analyser ou classer les stocks par date d'entrée

to **age receivables** : analyser ou classer les comptes à recevoir par date de facturation

aged trial balance (or aged balance) : balance par antériorité de solde

ageing : analyse par ancienneté (par antériorité)

agenda : ordre du jour

- *to put on the **agenda*** : mettre à l'ordre du jour

aggregate (to) : **agréger**

agreed-upon procedures engagement : mission d'attestation particulière

aggregate : global, total

- ***aggregate** amount* : montant global

agio : agio

AGM (Annual general meeting) : assemblée générale annuelle

agreement : contrat, convention, arrangement, accord, agrément

- ***agreement** of batch totals* : conciliation de totaux de lots

AICPA (American Institute of Certified Accountant) : équivalent US de l'Ordre des Experts-Comptables en France

ailing firm : entreprise en difficulté

ailing industry : industrie en déclin

to **allocate** : imputer, affecter, répartir, ventiler

allocated cost : charge imputée, charge répartie, charge par destination

allocation : affectation, imputation, ventilation, répartition (des coûts indirets)

- ***cost allocation*** : répartition des coûts indirects

allotment : attribution, répartition

- ***allotment*** *price* : prix de souscription

to **allow for** : tenir compte de

to **allow so an overdraft on déposit** : accorder un découvert

allowance : rabais, remise ; provision ; allocation (financière), indemnité

allowances : provisions

alternative : substitut (solution de rechange)

- ***alternative*** *procedures* : moyen de vérification de moindre portée que des circonstances contraires obligent à substituer à un moyen plus efficace

to **amalgamate** : fusionner

amalgamation : fusion, concentration par fusion

- *horizontal/vertical* ***amalgamation*** : intégration horizontale/verticale

amortisation (GB) (or amortization (US)) : amortissement des immobilisations incorporelles, remboursement d'emprunt

amortised expense : charge à répartir (sur plusieurs exercices)

analyse

- *to* ***analyse*** *an account* : analyser un compte
- ***analyse*** *financial statements (to)* : analyser les états financiers

analytical income statement (profit or loss account) : compte de résultat analytique

analytical procedures : procédure analytique

analytical profit or loss : résultat analytique

analytical review : revue analytique, audit analytique, examen analytique

annual

- ***annual*** *depreciation* : annuité d'amortissement

- ***Annual*** *General Meeting (AGM)* : assemblée générale ordinaire
- ***annual*** *report* : rapport annuel (ou de l'exercice)

annuity : annuité, versement périodique

anticipated payment : paiement anticipé

anomalous error : erreur occasionnelle

appearance : apparence

application programs : programmes d'application

applied cost : coût imputé (ou affecté)

to **apportion** : répartir, ventiler

apportionment : répartition, ventilation

appraisal : estimation, évaluation, appréciation

appreciation : plus value

appropriate : idoine, (bien) adapté, opportun

- *to* ***appropriate*** : affecter (ex. : des fonds)
- ***appropriated*** *retained earnings* : bénéfices non répartis
- ***appropriateness*** : caractère approprié, pertinent

appropriation : affectation, dotation

- ***appropriation*** *to a reserve* : dotation à une provision (ou une réserve)
- ***appropriation*** *account* : compte d'affectation

approval : **approbation**

arrears : arriérés

articles of incorporation (US) : statuts

artificial person (or entity) : personne morale

to **ascertain** : s'assurer de, vérifier

ask : prix demandé en bourse par un vendeur éventuel

assess (to) : évaluer, apprécier ; imposer (taxes)

assertion : assertion, affirmation

assessed valuation : valeur imposée

assessment : détermination, calcul ; fixation, évaluation, estimation, appréciation

- *tax* ***assessment*** : avis d'imposition

assets : patrimoine

asset(s) : actif(s)

- *operating* ***assets*** : actif économique

assign (to) : affecter, impacter

assignment : cession, transfert, affectation ; tâche, mission

to **assume** : admettre, supposer

assumption of risk : acceptation du risque

assurance : assurance, certitude

- *reasonable* ***assurance*** : assurance raisonnable
- *quality* ***assurance*** : assurance qualité

assurance level : niveau de confiance

at cost : au prix coûtant

at par : au pair

attendance : présence

- ***attendance*** *fees* : jetons de présence
- ***attendance*** *sheet* : feuille de présence

attorney : avoué

audit : audit, contrôle, vérification

- ***audit*** *adjustment* : redressement d'audit
- ***audit*** *approach* : stratégie d'audit, démarche d'audit
- ***audit*** *area* : domaine d'audit
- ***audit*** *assignment* : mission d'audit
- ***audit*** *assurance* : assurance d'audit
- ***audit*** *charter* : charte d'audit
- ***audit*** *committee* : comité d'audit
- ***audit*** *cover age* : étendue de l'audit

- ***audit*** *criteria* : critère d'audit
- ***audit*** *date* : date pour laquelle l'examen a lieu (correspondant à la date du bilan)
- ***audit*** *engagement* : mission d'audit
- ***audit*** *evidence* : preuve d'audit, élément probant
- ***audit*** *examination* : *travaux d'audit*
- ***audit*** *file* : dossier d'audit
- ***audit*** *findings* : constatations d'audit
- ***audit*** *firm* : cabinet d'audit
- ***audit*** *manual* : manuel d'audit, guide d'audit
- ***audit*** *objective* : objectif d'audit
- ***audit*** *of financial statement* : audit des états financiers
- ***audit*** *opinion* : avis ou opinion émise en conclusion d'un audit
- ***audit*** *plan* : programme de travail, stratégie d'audit, plan d'audit
- ***audit*** *procedure* : programme de travail
- ***audit*** *program (US), programme (UK)* : programme d'audit, de vérification
- ***audit*** *recommendation* : recommandation d'audit
- ***audit*** *report* : rapport d'audit, rapport de vérification
- ***audit*** *response to internal control weaknesses* : adaptation du programme de travail en fonction des faiblesses du contrôle interne
- ***audit*** *risk* : risque d'audit
- ***audit*** *sampling* : échantillonnage d'audit, sondages
- ***audit*** *scope* : étendue de la vérification, champ d'action de l'audit
- ***audit*** *software* : logiciel d'audit
- ***audit*** *standards* : normes d'audit
- ***audit*** *team* : équipe d'audit
- ***audit*** *trail* : chemin de révision (ou de vérification) ; piste d'audit ; traçage d'audit, piste de vérification *financial* ***audit*** : audit financier
- *management* ***audit*** : audit de gestion

to **audit** : auditer

auditable activity : activité auditable

auditee : audité, entité à auditer

auditing : vérification comptable
- ***auditing*** *firm* : cabinet d'audit

- ***auditing*** *principles* : principes d'audit à mettre en œuvre au cours d'une mission
- ***auditing*** *procedures* : procédures de vérification
- ***auditing*** *standards* : normes d'audit, normes de vérification
- ***auditing*** *strategy* : stratégie d'audit
- ***auditing*** *techniques* : techniques d'audit, de vérification

auditor : auditeur, commissaire aux comptes

- ***auditor'****s report* : rapport des auditeurs (ou des commissaires aux comptes)
- *registered* ***auditor*** *(GB)* : auditeur agréé (commissaire aux comptes)

authority : autorité, organisme investi des pouvoirs de contrôle dans un domaine défini

authorization : autorisation, pouvoir, mandat

to **authorize** : autoriser

authorized :

- ***authorized*** *capital* : capital social (autorisé)
- ***authorized*** *shares* : nombre d'actions dont l'émission est autorisée par les statuts

automobiles and trucks : automobiles et camions

auxiliary ledger : livre auxiliaire

available : disponible

- ***available*** *current market quotation* : cours actuel connu
- ***available*** *hours* : heures disponibles

average cost : coût moyen

average creditor days ratio : délai moyen de règlement

average debitor days ratio : délai moyen de règlement de clients

B

back office : gestion administrative des marchés

back-up

- ***back-up*** *computer* : ordinateur de secours
- ***back-up*** *file* : fichier de sauvegarde
- ***back-up*** *location* : archives, centre d'archivage

bad debts : créances douteuses

- ***bad debts*** *reserve* (or allowance) : provision pour créances douteuses

bad faith : de mauvaise foi

to **balance** : être en équilibre, établir la balance

to **balance** an account : solder un compte

balance : solde, balance

- *aged* ***balance*** : balance âgée
- ***balance*** *book* : livre des inventaires
- ***balance*** *carried forward* : solde à nouveau, report à nouveau
- ***balance*** *of account* : solde du compte
- ***balance*** *outstanding as of…* : solde à la date du…
- ***balance*** *sheet* : bilan
- ***balance*** *sheet accounts* : comptes de bilan
- *trial* ***balance*** : balance générale

balancing subsidiary records : opération comptable qui consiste à s'assurer que les journaux auxiliaires concordent avec les comptes généraux

bank : banque, établissement de crédit

- ***bank*** *account* : *compte banque*
- ***bank*** *charges* : agios
- ***bank*** *confirmation* : confirmation de banque
- ***bank*** *letter* : ordre de transfert
- ***bank*** *overdraft* : découvert bancaire
- ***bank*** *reconciliation* : rapprochement bancaire
- ***bank*** *statement* : relevé bancaire
- ***bank*** *transfer order* : ordre de virement

bankrupt : failli

- ***bankruptcy*** : faillite
- ***bankruptcy*** *risk* : risque de faillite
- *to file for* ***bankruptcy*** : déposer son bilan

base stock : stock minimum, stock vital (ou indispensable)

batch processing : traitement par lots

batch totals : totaux de lots

bearer : porteur (d'une action, d'une obligation ou d'un chèque)

- ***bearer*** *bond* : obligation au porteur
- ***bearer*** *share* : action au porteur

beginning inventory (ou stock) : stock initial, stock d'ouverture

beneficiary : bénéficiaire

benefits : avantages

best practices : meilleures pratiques

beta : bêta

bid : offre

- ***bid*** *bond* : caution d'offre
- ***bid*** *price* : prix d'achat (ou prix acheteur)
- ***bid*** *rate* : taux emprunteur

bill : facture ; effet de commerce, traite

- *to* ***bill*** : facturer
- ***bill*** *for collection* : effet à encaisser

- ***bill*** *of exchange* : lettre de change
- ***bill*** *of lading* : connaissement, bordereau de livraison
- ***bill*** *of materials* : nomenclature
- ***bill*** *payable* : effet à payer
- ***bill*** *receivable* : effet à recevoir

billing : facturation (US)
- ***billing*** *department* : service de facturation

bin card : fichier d'inventaire

binder : reliure (par extension, ouvrage de référence)

block vouching test : inspection détaillée d'une liasse de pièces justificatives

blocked currency : monnaie inconvertible

board (of directors) : conseil d'administration

bona fide : bonne foi

bond : bon, obligation, titre ; cautionnement, garantie
- ***bond****holder* : obligataire
- *bearer* ***bond*** : obligation au porteur
- ***bond*** *issue* : emprunt obligataire, émission d'obligations
- ***bond*** *yield table* : tableau de rendement d'une obligation
- *convertible* ***bond*** : obligation convertible
- *guaranteed* ***bond*** : obligation cautionnée (ou garantie)
- *registered* ***bond*** : obligation nominative
- *treasury, government* ***bonds*** : bons du Trésor

bonded in debtedness : emprunt obligatoire

book income : bénéfice comptable

bookkeeper : aide comptable

bookkeeping : comptabilité, tenue des comptes

the **books** : livres comptables (journaux, grands livres)

book value : valeur comptable

to **borrow** : emprunter

borrower : emprunteur

borrowing : emprunt

bottom line : résultat (net)

branch : succursale

to **break even** : atteindre le seuil de rentabilité, le point mort ou d'équilibre

break-even point : point mort, seuil de rentabilité

breakdown : défaillance ; décompte, ventilation des dépenses

broker : agent, courtier, cambiste (bourse)

brokerage : courtage
- ***brokerage*** *fee* : frais de courtage

budget : budget
- ***budget*** *control* : contrôle budgétaire
- ***budget*** *forecast* : prévision budgétaire
- ***budget*** *variance* : écart budgétaire
- ***budgeting*** : établissement d'un budget
- *to* ***budget*** : budgéter, budgétiser
- *to draw-up a* ***budget*** : établir un budget

budgetary control : contrôle budgétaire

buildings : constructions

bundle : liasse (de documents)

burden : frais indirects, frais généraux
- ***burden*** *center* (US), *centre* (UK) : section homogène
- ***burden*** *centre accounting* : comptabilité par sections homogènes
- ***burden*** *rate* : coefficient d'imputation des frais généraux aux produits ou aux centres d'analyse

business : commerce, entreprise commerciale, affaire
- ***business*** *form* : formulaire, imprimé utilisé dans les affaires
- ***business*** *plan* : plan d'affaires
- ***business unit*** : unité d'affaires

buy out : rachat

- *management* ***buy out*** *(MBO)* : rachat de l'entreprise par ses cadres
- *employee* ***buy out*** : rachat de l'entreprise par ses salariés

buyer's market : marché acheteur

buying : achat

by-laws : règlement intérieur

to **by-pass** : contourner

by-product : sous-produit

C

CAF (Continuing Audit File) : dossier permanent

CAATs (Computer Assisted Audit Techniques) : techniques d'audit assisté par ordinateur

call : appel de fonds, option d'achat

- ***call*** *deposit* : dépôt à vue
- ***call*** *loan* : prêt au jour le jour
- ***call*** *money* : argent au jour le jour
- ***call*** *option* : option d'achat

called-up capital : capital appelé

cancelled check : chèque payé (et par conséquent annulé par la banque)

capacity : capacité

CAPAM (capital asset pricing model) : MEDAF

capital : capital, capital social

- *called up* ***capital*** : capital appelé
- ***capital*** *authorised* : capital social (autorisé), capital nominal
- ***capital*** *employed* : actif économique
- ***capital*** *expenditures (CAPEX)* : charges immobilisées, investissements
- ***capital*** *gain (or loss)* : plus (ou moins) value de cession
- ***capital*** *increase* : augmentation de capital
- ***capital*** *issued* : capital émis, capital social
- ***capital*** *market line* : droits de marché
- ***capital*** *lease* : contrat de location-acquisition
- ***capital*** *outstanding* : capital en circulation

- ***capital*** *project* : ***projet d'investissement***
- ***capital*** *requirement* : besoin en capital
- ***capital*** *stock* : capital social
- ***capital*** *stock register* : registre de transfert des actions
- ***capital*** *surplus* :
- *invested* ***capital*** *(US)* : actif économique
- *paid-up* ***capital*** : capital versé
- *uncalled* ***capital*** : capital non appelé

capitalisation (UK), **capitalization** (US) : capitalisation

capitalise (UK), **capitalize** (US) : immobiliser une charge, déterminer la valeur par actualisation, additionner les revenus

to **carry** : reporter

- ***carry*** *back,* ***carry*** *forward* : report sur l'(les) exercice(s) précédent(s) ou suivant(s)
- *to* ***carry*** *forward* : reprendre (un solde)
- *to* ***carry*** *on the books* : faire figurer dans les livres

case law : jurisprudence

cash : trésorerie (espèces, chèques, caisse et banque) ; comptant

- ***cash*** *advance* : crédit de trésorerie
- *to* ***cash*** *a cheque* : encaisser un chèque
- ***cash*** *and banks* : caisses et banques
- ***cash*** *book* : livre de caisse
- ***cash*** *budget* : budget de trésorerie
- ***cash*** *disbursement (CD)* : dépense (de caisse ou banque)
- ***cash*** *discount* : escompte pour paiement comptant
- ***cash*** *flow* : flux de trésorerie ; flux monétaire
- ***cash*** *flow forecast* : plan de trésorerie
- ***cash*** *flow statement* : tableau des flux de trésorerie
- ***cash*** *inflow* : encaissement
- ***cash*** *in hand* : disponible (trésorerie), encaissé
- ***cash*** *management* : gestion de trésorerie
- ***cash*** *on delivery* : paiement à la livraison
- ***cash*** *outflow* : décaissement
- ***cash*** *ratio* : ratio de liquidité immédiate

- ***cash*** *receipt (CR)* : recette (de caisse ou banque)
- ***cash*** *statement* : état de caisse
- ***cash*** *with order* : paiement à la commande

cashier : caissier

to **cast up** (figures) : calculer, faire l'addition de (chiffres)

categorizing : classement (par catégorie), ventilation, stratification

cause : cause

ceiling : plafond

- *to put a* ***ceiling*** *for* : fixer un plafond pour

center (US), centre (UK) : centre

- *cost* ***center*** : centre de coûts
- *expense* ***center*** : centre de frais (discrétionnaires)
- *investment* ***center*** : centre d'investissements
- *profit* ***center*** : centre de profits
- *revenue* ***center*** : centre de revenus (ou de chiffre d'affaires)

certificate : attestation

certificate of indebtedness : reconnaissance de dette

certified :

- ***certified*** *accounts* : comptes approuvés (ou certifiés)
- ***certified*** *cheque* (UK) or ***certified*** *check* (US) : chèque certifié
- ***certified*** *public accountant (CPA)* : auditeur financier (certifié)

chairman (of the board) (UK) : président du conseil d'administration

chairman and managing director : président directeur général

change in working capital : variation du fonds de roulement

charge : charge, frais

- *deferred* ***charges*** : frais (charges) différé(e)s

charge-off : passation en frais

chart of accounts : plan comptable

charter : statuts (société)

chartered accountant (UK) ; **certified public accountant** (US) : expert comptable

chattels : biens mobiliers

to **check** : vérifier

- *to **check against*** : vérifier à l'aide de…
- *to **check cut-offs*** : vérifier que les mouvements physiques au cours d'une période ont bien été comptabilisés au titre de cette même période
- ***check** digit verification* : contrôle par algorithme (chiffre-clé ou lettre-clé, vérification d'auto-contrôle)
- ***check** list* : liste de contrôle
- ***check** point* : point de contrôle

check (US) : chèque

checking of print-outs : pointage des états

cheque (UK) : chèque

chief accountant : chef comptable

chief executive officer (CEO) : directeur général

to **circularize**, **circularization** : envoi de demandes de confirmation (directes)

circulating : circulant

circumvention (of control) : contournement (d'un contrôle)

claim : réclamation, prétention

- ***claims** and liabilities* (UK) : passif, créances et engagements

classification by nature : classification (des charges) par nature

clause : clause, disposition, article

clerical accuracy : exactitude mathématique des calculs

clerical procedures : procédures administratives (manuelles)

client : client

to **close** : liquider, déboucler (une opération, une position) ; fermer

closed account : compte soldé

closing : fin, clôture

- ***closing*** *entry* : écriture de clôture
- ***closing*** *price* : cours de clôture, dernier cours

COBIT (Control Objectives for Information and Related Technology) : référentiel d'audit informatique

COCO : Criteria of control (canadien)

COSO : Committee of Sponsoring Organization of the Treadway Commission (US)

coin : pièce de monnaie

collateral : nantissement

- ***collateral*** *loan* : prêt (ou emprunt) garanti
- ***collateral*** *on a* ***loan*** : sûreté garantissant un prêt, nantissement

to **collect** : collecter

collectability (UK), collectibility (US) : recouvrabilité

collection : encaissement, recette, recouvrement

collusion : complicité

to **combine** : combiner, joindre, s'associer

commercial bank : banque de dépôt

commercial director : directeur commercial

commercial paper : billet de trésorerie

commitment : engagement

common : courant, classique

- ***common*** *stock* : action ordinaire
- ***common*** *stock subscribed* : capital souscrit
- ***common*** *stock outstanding* : actions ordinaires en circulation

company : société (UK)

- ***company*** *act* : loi sur les sociétés commerciales
- ***company*** *law* : droit des sociétés

comparatives : comparatifs, données comparatives

compensating procedures : contrôles compensatoires

compensation in kind : avantage en nature

compilation engagement : mission de compilation

completeness : exhaustivité

compliance : conformité

- ***compliance** audit* : audit de conformité
- *certificate of* ***compliance*** : certificat de conformité
- ***compliance** review* : examen de conformité
- ***compliance** test* : test de conformité

to **comply with** : respecter (des règles)

composite rate of depreciation : taux moyen d'amortissement d'une classe entière d'immobilisations

composition to creditors : concordat

compound : composé

- ***compound** interest* : intérêt(s) composé(s)

comprehensive : complet, exhaustif

comprehensive basis of accounting : référentiel comptable

comptroller or **controller** : contrôleur de gestion

computation : calcul

computer

- ***computer** assisted audit technique (CAATs)* : technique d'audit assistée par ordinateur
- ***computer** audit package* : progiciel d'audit
- ***computer** matching* : appariement automatique des écritures par ordinateur

computerised (UK), **computerized** (US) : informatisé ou informatique (automatisé)

conclusive : probant, décisif, concluant

confidence : confiance

confidence levels : niveaux de confiance

to **confirm** : obtenir confirmation (le plus souvent par écrit) d'un tiers

confirmation : confirmation de tiers, demande de confirmation externe

conservatism principle : principe de prudence

consequence : conséquence

consistency principle : principe de permanence des méthodes

consistent : cohérent ; permanent d'utilisation

- ***consistent*** *with* : compatible avec ; d'accord avec

consolidated : consolidé, fusionné

- ***consolidated*** *accounts* : comptes consolidés
- ***consolidated*** *balance sheet* : bilan consolidé
- ***consolidated*** *financial statement* : états financiers consolidés

consolidation : consolidation

- ***consolidation*** *of subsidiaries* : consolidation d'une société filiale

constant dollars method : méthode du pouvoir d'achat constant

construction in progress : immobilisations ou travaux en cours

consumable supplies : fournitures consommables

consumables : consommables

contingency : éventualité, événement inattendu

- ***contingency*** *payments* : frais divers
- ***contingency*** *plan* : plan (dispositif) de continuité d'exploitation

contingent liability : passif éventuel (engagement hors bilan)

continued proper operation : fonctionnement normal et continu

continuity assumption : principe de continuité de l'exploitation

contra : de contrepartie

- ***contra*** *account* : compte de contrepartie
- ***contra****-charge* : compte débité en contrepartie

contract : contrat, convention

- *to enforce a* ***contract*** : faire exécuter un contrat
- *private* ***contract*** : contrat sous seing privé

contribution : cotisation (sécurité sociale)

- ***contribution*** *analysis* : méthode des coûts variables (par calcul de la marge semi-brute)
- ***contribution*** *margin* : marge semi brute ou contribution

control : contrôle

- *completeness* ***control*** : contrôle d'exhaustivité, contrôle d'íntégrité
- ***control*** *account* : compte collectif, compte de contrôle au grand livre
- ***control*** *activities : activités de contrôle*
- ***control*** *analysis* : analyse du contrôle interne
- ***control*** *environment* : environnement du contrôle interne
- ***control*** *module* : module de contrôle, superviseur
- ***control*** *risk* : risque de contrôle
- ***control*** *strenghts* : points forts (du contrôle interne)
- *internal* ***control*** : contrôle interne
- *preventive* ***control*** : contrôle préventif

controller : contrôleur, vérificateur

- *(managemet)* ***controller*** : contrôleur de gestion
- *financial* ***controller*** : contrôleur financier

controlling interest : bloc de contrôle, participation majoritaire, intérêts majoritaires

controlling company : société dominante

controlling share sholder : actionnaire majoritaire

controls (internal control) : contrôle interne

conversational mode : mode dialogué, conversationnel

convert : transcrire

convertible : convertible

convertible bond : obligation convertible en action ordinaire

convertible preferred stock : action privilégiée convertible

copyrights : droits d'auteur

corporate : d'entreprise, de société

- ***corporate*** *accounting* : comptabilité des sociétés
- ***corporate*** *financial statements* : comptes sociaux
- ***corporate*** *governance* : gouvernement d'entreprise
- ***corporate*** *investments* : investissements industriels, investissements des entreprises
- ***corporate*** *objective* : objectif de l'entreprise
- ***corporate*** *policy* : politique de l'entreprise
- ***corporate*** *structure* : structure de l'entreprise
- ***corporate*** *tax* : impôt sur les sociétés

corporation : personne morale, société commerciale (par actions), société à responsabilité limitée (US)

corporation tax : impôt sur les sociétés

correctness : sincérité

to **corroborate** : confirmer, corroborer

corroborating evidence : preuve qui corrobore (ou confirme)

to **corrupt data** : altérer les données

cost : coût, prix d'achat, coût de revient

- *acquisition* ***cost*** : coût d'acquisition
- *allocated cost* : charge par destination
- *approximated* ***cost*** : coût approché
- *budgeted* ***cost*** : coût budgeté
- *hidden* ***cost*** : coût caché
- ***cost*** *accountant* : comptable industriel
- ***cost*** *accounting* : comptabilité analytique
- ***cost*** *allocation* : répartition ou affectation d'un coût
- ***cost*** *basis* : coût d'origine (ou coût historique)
- ***cost***-*benefit* : coût/efficacité
- ***cost*** *center* : centre de coûts
- *common* ***cost*** : coût commun ou joint
- ***cost*** *concept* : coût d'origine (ou historique)
- ***cost*** *control* : contrôle des coûts

- ***cost*** *data* : éléments du prix de revient
- ***cost*** *distribution* : ventilation des coûts
- ***cost*** *driver* : inducteur de coût
- ***cost*** *of capital* : coût du capital
- *direct* ***cost*** : coût direct
- ***cost*** *estimate* : estimation d'un coût
- ***cost*** *of equity* : coût des capitaux propres
- *fixed* ***cost*** : ***coût fixe***
- *full* ***cost,*** *absorption* ***cost*** : coût complet
- *function* ***cost*** : charge par destination
- ***cost*** *of goods sold ;* ***cost*** *of sales* : coût de revient des marchandises ou des produits vendus, coût des ventes
- *manufacturing* ***cost*** : coût de fabrication
- ***cost*** *of production* : coût de production
- *period* ***cost*** : coût de période
- *produc****t cost*** : coût incorporable
- *purchase* ***cost*** : coût d'achat
- ***cost*** *of purchased* : coût des marchandises achetées
- ***cost*** *of removal and betterment* : coût de déplacement et d'amélioration
- ***cost*** *price* : prix de revient
- ***cost*** *principle* : principe du coût d'acquisition (ou du coût d'origine)
- *selling* ***cost*** : coûts de commercialisation
- ***cost*** *sheet* : feuille de calcul de prix de revient
- *target* ***cost*** : coût ciblé
- *variable* ***cost*** : coût variable
- ***costs*** : coûts de revient
- *natural classified* ***costs*** : charges par nature

costing : établissement des coûts de revient

count sheet : relevé de comptages

coupon rate : taux de coupon, taux d'intérêt (contractuel)

covenant : convention, obligation contractuelle
- ***covenant*** *not to compete* : clause de non concurrence

coverage of circularization : proportion de circularisation

CPA (certified public accountants) : expert-comptable

CPI (consumer price index) : indice des prix à la consommation

credit : crédit

- ***credit*** *balance* : solde créditeur
- ***credit*** *department* : service crédit
- ***credit*** *limit (UK) or* ***credit*** *line (line of* ***credit****) (US)* : plafond, limite ou ligne de crédit, autorisation de crédit
- ***credit*** *manager* : directeur du crédit
- ***credit*** *note* : avoir, note de crédit

creditor : créancier, créditeur

creditors : fournisseurs

criteria : critères

to **cross reference or cross index** : utiliser des références croisées pour établir une articulation entre les différents éléments qui composent un dossier

to **cross-foot** : vérifier l'exactitude mathématique des additions et soustractions horizontales

cumulative preferred stock : action privilégiée (préférentielle) dont les dividendes se cumulent

currency : monnaie

current : courant, en cours, actuel, en vigueur ; circulant

- ***current*** *account* : compte courant
- ***current*** *asset* : actif circulant, actif à court terme, actif courant
- ***current*** *liabilities* : dettes à court terme, passif circulant
- ***current*** *portion of long-term debts* : part à moins d'un an des emprunts à long terme
- ***current*** *ratio* : ratio de liquidité générale
- ***current*** *value* : valeur actuelle de remplacement
- ***current*** *year* : année en cours

custodial controls : contrôles de conservation

custodian : responsable, détenteur (des titres des espèces de la société)

custody : conservation, garde

- ***custody of assets*** : protection des actifs

customer : client

- ***customer*** *service* : service commercial
- ***customer*** *credit days* : délai de règlement

customs : douane

cut-off : séparation des exercices

- ***cut-off*** *date* : date d'arrêt des comptes

cyclical checking : vérification périodique

D

daily cash report : rapport journalier de caisse

daily time sheet : feuille journalière d'emploi du temps

damages : dommages et intérêts

data : données, informations

- ***Data** Base Management System (DBMS)* : Système de gestion de base de données (SGBD)
- ***data** file security controls* : contrôles de sécurité des fichiers de données

date : échéance, date

- ***date** of submission* : date de présentation
- *completion **date*** : date d'achèvement

days credit : délai de règlement

dead loss : perte sèche

deadline : date ou heure limite ; délai de rigueur

debenture (US) : obligation

- ***debenture** bond* : titre d'obligation
- ***debenture** holder* : obligataire

debit : débit

- ***debit** balance* : solde débiteur
- ***debit** memo (or memorandum)* : avis de débit (ou bordereau de débit)
- ***debit** note* : note de débit

debt : dettes

- *net **debt*** : endettement net

debtor : débiteur

- ***debtors*** : créances
- ***debtors*** *ledger* : comptes individuels clients

decide : déterminer

declining balance basis depreciation : amortissement dégressif

to **deduct** : défalquer

deduction record : registre des retenues

deductions (of payroll) : retenues (sur salaires), charges sociales

defalcation : détournement (de fonds)

to **defer** : différer

- *to **defer** a payment* : différer un paiement
- ***deferred*** *charge (GB),* ***deferred*** *expense (US)* : charge différée ou à étaler
- ***deferred*** *income* : revenu différé, produit à recevoir
- ***deferred*** *tax* : impôt différé

deficit : déficit

- *to make up a **deficit*** : combler un déficit

delinquent account receivable : compte à recevoir arriéré

delivery note : bon de livraison

demand, sight deposit : dépôt à vue

denial of opinion : refus (ou impossibilité) d'exprimer une opinion

department : service

- ***department*** *head* : chef de service

departure (deviation) : entorse, dérogation, manquement

dependency check : vérification de corrélation (des liens de dépendance)

depleted inventory : inventaire amoindri, épuisé

depletion : amortissement de ressources naturelles, épuisement

- ***depletion*** *reserve* : provision pour épuisement

deposit : dépôt, versement ; acompte ; dépôt de garantie, cautionnement

- ***deposit*** *account* : compte de dépôt à terme
- ***deposit*** *bank* : banque de dépôt
- ***deposit*** *in transit* : dépôt en transit

depreciable assets : immobilisations amortissables

depreciation : amortissement (d'actifs réels)

- *accelerated* ***depreciation*** : amortissement accéléré
- *accumulated* ***depreciation*** : amortissement des immobilisations
- ***depreciation*** *account* : compte d'amortissement
- ***depreciation*** : dotation aux amortissements
- ***depreciation*** *allowance, charge or expense* : dotation aux amortissements
- ***depreciation*** *and write down of assets* : amortissements et provisions pour dépréciation d'actifs
- ***depreciation*** *to date* : amortissements pratiqués
- ***depreciation*** *schedule* : plan (ou tableau) d'amortissements
- *straight line* ***depreciation*** : amortissement linéaire

description : description

detailed system description : analyse organique (détaillée)

detailed test : sondage détaillé

details (of input data) : détail (saisie ligne à ligne)

to **detect** : détecter

detection risk : risque de non détection

deviation (from) : écart (par rapport à), déviation

difference : différence, désaccord, écart

digital : numérique

dilution : dilution

direct : direct

- ***direct*** *cost* : coût direct
- ***direct*** *costing* : méthode des coûts variables

- ***direct** expenses* : coût direct
- ***direct** labour* : main d'œuvre directe
- ***direct** taxes* : impôts directs

director : administrateur

directory : répertoire

to **disallow** : refuser, rejeter, ne pas admettre

disallowed deduction : charge non déductible

disbursement : sortie de fonds

- ***disbursement** voucher* : justificatif de paiement

disciplines over basic controls : règles d'application des contrôles de base

disclaimer of opinion : refus (ou impossibilité) d'exprimer une opinion

disclosure : information (fournie ou à fournir)

- ***disclosure** principle* : principe de bonne information
- ***disclosure** standards* : normes d'information

discontinued operation : cessation d'activité

discount : réduction commerciale ou financière ; escompte (bill, paper)

- ***discount** factor* : *coefficient d'actualisation*
- *to **discount** a bill* : escompter un effet

discounted cash flow (DCF) : valeur actualisée nette, flux financiers actualisés, actualisation

discounted (or present) **value** : valeur actuelle

discrepancy (between) : différence, divergence

- ***discrepancy** report* : liste d'anomalies

dishonored (US) or **dishonoured** (UK) **note** : billet refusé

disinvestment : désinvestissement (immobilisation)

divestment : désinvestissement (filiale)

to **dispatch** : envoyer, acheminer, expédier

dispatch note : bordereau (bon) d'expédition

to **display** : visualiser, afficher

disposal : mise au rebut

- ***disposal*** *of assets (of property)* : cession d'immobilisation

distributable (income/profit) : distribuable (bénéfice)

distribution of charges : répartition des charges

distribution of payroll : répartition de la paie

dividend : dividende

- ***dividend*** *account* : compte de dividendes
- ***dividend*** *equalization (US) equalisation (UK) tax* : précompte mobilier
- ***dividend*** *in areas* : arriéré de dividendes
- ***dividend*** *income* : revenu en dividendes
- ***dividend*** *per share* : dividende par action
- ***dividend*** *tax credit* : avoir fiscal
- ***dividend*** *yield* : taux de rendement d'une action

document : document

- *to* ***document*** : documenter
- *source* ***document*** : document de base
- *summary* ***document*** : document de synthèse
- *supporting* ***document*** : pièce justificative

documentation : documentation, ensemble des papiers de travail

- ***documentation*** *of audit procedures* : description (formalisation des travaux effectués)

domestic : domestique (par opposition à étranger)

to **donate** : faire le don de

double-declining balance : méthode d'amortissement accéléré ou dégressif

double-entry bookkeeping : comptabilité en partie double

doubtful debt : créances douteuses

downpayment : acompte, versement initial

draft : projet, brouillon, première ébauche ; traite, effet, lettre de change

- ***draft*** *(= bill)* : traite, lettre de change, effet
- ***draft*** *of a proposed entry* : brouillon d'écriture envisagée
- *to* ***draft*** *the accounts* : établir les comptes

to **draw** : tirer

drawdown period : période de mise à disposition, période de tirage

drawee : tiré

drawer : tireur

drawing : prélèvement, retrait, tirage

- ***drawing*** *account* : compte de prélèvements

drawn bill : effet tiré

driver : inducteur

due : exigible, payable

- ***due*** *care* : diligences à exécuter
- ***due*** *date* : date d'exigibilité
- ***due*** *on demand* : payable à la demande
- ***due*** *professional care* : diligences professionnelles à exécuter

dummy : factice, fictif

dump : image mémoire, vidage de mémoire

dunning letter : lettre de relance

duration : durée

duty : droits, taxes, impôts

E

early validation : contrôle anticipé, préalable à la clôture, avancé

early warning : avertissement préalable

earned surplus : réserves et report à nouveau

earnings : revenus, bénéfices

- ***earnings*** *before depreciation, interests and taxes (EBDIT) (GB)* : excédent brut d'exploitation (EBE)
- ***earnings*** *before interests and income taxes (EBIT) (US)* : bénéfices avant intérêts et impôts, résultat d'exploitation
- ***earnings*** *before interests, taxes, depreciation and amortization (EBITDA) (US)* : excédent brut d'exploitation (EBE)
- ***earnings*** *before taxes* : bénéfice (ou résultat) avant impôts, résultat courant
- ***earnings*** *per share (EPS)* : bénéfice par action (bénéfice/nombre d'actions en circulation)
- *net* ***earnings*** *(US)* : résultat net

effect : conséquence

effective : efficace, probant, qui produit l'effet attendu, effectif, réel

- ***effective*** *date* : date d'effet, date de mise en vigueur
- ***effectiveness*** : efficacité, force (valeur) probante

efficient portfolio : portefeuille efficient

embezzlement : détournement de fonds, malversation

employee : employé

employee fraud : fraude commise par le personnel

employment : embauche
- ***employment*** *application* : demande d'emploi

end of the year : clôture de l'exercice

ending balance : solde de clôture

ending inventory : stock final

to **endorse** : endosser

endorsement *(cheque, bill)* : endos, endossement

endorser : endosseur

to **enforce** : appliquer

enforcement : application (loi)

engagement : mission
- ***engagement acceptance*** : acceptation de la mission
- ***engagement risk*** : risque de mission
- ***engagement letter*** : lettre de mission
- ***engagement partner*** : associé
- ***engagement team*** : équipe affectée à la mission

enquiry (or inquiry) : enquête, demande de renseignements

to **ensure** : établir

to **enter** : enregistrer, passer une écriture, comptabiliser

entertainment expenses : frais de représentation

entitled to... : ayant droit à...

entity : entité
- *audited* ***entity*** : entité auditée

entity's risk assessement process : processus d'évaluation des risques suivi par l'entité

enterprise value (EV) (GB) : valeur de l'actif économique

entry : écriture
- *adjusting* ***entry*** : écriture de régularisation

- *book* ***entry*** : écriture comptable
- *closing* ***entry*** : écriture de clôture
- *to post an* ***entry*** : passer une écriture

EPS (Earning Per Share) : bénéfice par action

equipment : matériel

equity : situation nette, fonds propres

- ***equity*** *capital* : capitaux propres, fonds propres, actif net, valeur nette réelle
- ***equity*** *market capitalisation* : capitalisation boursière
- ***equity*** *method* : méthode de la mise en équivalence
- ***equity*** *stocks* : titre de participation

error : erreur, faute (non intentionnelle)

escrow account : compte bloqué

estate : biens (patrimoine)

estimate : estimer, évaluer

estimated cost : coût estimé

ethics : éthique

- *professional* ***ethic*** : déontologie

eurobonds : euro-obligations

euro currencies : euro-devises

evaluate (to) : évaluer, apprécier

evaluation of internal control : évaluation (appréciation) du contrôle interne

evidence (cf. audit evidence) : preuves (matérialisation), éléments probants

- ***examination*** *of evidence* : examen de la matérialisation des contrôles, examen des justificatifs

to **examine** : examiner

exception : anomalie (incident isolé, ponctuel)

exchange rate : taux de change

exchange risk : risque de change

ex dividend : coupon détaché

executive : cadre

- ***executive*** *committee* : directoire
- ***executive*** *officer* : cadre (de direction)

exemption : exonération

existence check : contrôle d'existence

to **expedite** : activer, hâter, accélérer

expenditure : dépense

- ***expenditure*** *carried forward* : frais différés

expense claim : note de frais

expenses : charges, dépenses, frais

- ***expenses*** *by cost center* (US), *centre* (UK) : charges par destination

to **extend** : multiplier

extended validation : contrôle approfondi des comptes

extension : multiplication

external audit : audit externe

external auditor : auditeur externe

external confirmation : confirmation externe, demande de confirmation externe

extraordinary : extraordinaire, exceptionnel

- ***extraordinary*** *charge* : charge exceptionnelle
- ***extraordinary*** *income* : revenu exceptionnel
- ***extraordinary*** *item* : élément exceptionnel (dans le compte de résultat) ; résultat exceptionnel
- ***extraordinary*** *meeting of shareholders* : assemblée générale extraordinaire

F

face amount, face value : valeur nominale

facilities : avances

factor : société d'affacturage ; coefficient

factoring : affacturage

factory overhead : frais indirects de production

factory supplies : matières consommables

failure (machine) : panne

fair market value : valeur marchande juste

fair value : valeur d'utilité, juste valeur

fair view (fair presentation) : image fidèle

FASB (Financial accounting standards board) : Comité des Normes Comptables (US)

federal income tax return : formulaire fiscal de déclaration des résultats

Federal Insurance Contribution Act (FICA) taxes (US) : cotisations de sécurité sociale

FICA tax payable : cotisations de sécurité sociale à payer (US)

fees : honoraires, redevances, droits

field work : étude sur le terrain, travail terrain

- ***field work*** *standards* : normes d'exécution du travail chez le client

FIFO (first-in ; first-out) : premier entré, premier sorti

file : fichier

- *to **file*** : classer

to **fill in ;** or **fill out** : remplir, compléter

final work : phase finale d'une vérification

finance : finance

- ***finance** contract* : contrat de financement, de prêt
- *to **finance*** : financer

financial : financier

- ***financial** accounting* : comptabilité générale
- ***Financial** accounting standards board (FASB)* : Comité des Normes Comptables (US)
- ***financial** analysis* : analyse financière
- ***financial** analyst* : analyste financier
- ***financial asset*** : actif financier
- ***financial** assets* : immobilisations financières
- ***financial** charges* : charges financières, frais financiers
- ***financial** futures* : instruments financiers
- ***financial** futures market* : marché à terme des instruments financiers
- ***financial** instrument* : instrument financier
- ***financial leverage ratio*** : ratio d'autonomie financière
- ***financial** management* : gestion financière
- ***financial** market* : marché financier
- ***financial** planning* : planification financière
- ***financial** position* : situation financière
- ***financial** statements* : états financiers, comptes annuels
- ***financial** year* : exercice comptable

financing : financement

- ***financing** plan* : plan de financement

findings : constatations, conclusions, découvertes

fine : amende, contravention

finished goods : produits finis

firm : société, cabinet

first in – first out (FIFO) : premier entré – premier sorti

fiscal period : exercice comptable

firm value (US) : valeur de l'actif économique

fittings : installations

fixed : immeuble (adj.)

fixed assets : immobilisations

fixed cost : coût fixe

fixed selling price : prix imposé

fixings : outillage

fixtures : installations, agencements, immeubles par destinations

- ***fixtures*** *and fittings* : agencements et installations

flexible budget : budget flexible

flexibility : souplesse

float : chèques et effets en cours de recouvrement ; écart de dates de valeurs appliquées à la banque et à l'entreprise par sa banque

float time : jours de valeur

flow : flux

- ***flow****chart* : diagramme, organigramme, ordinogramme
- ***flow****chart* of program : ordinogramme
- ***flow****line* : ligne de flux

fluctuation : variation

FOB «delivered our truck» : franco de port, livré par nos soins

- ***FOB*** *destination* : franco de port

folio journal (FJ) : folio de journal

foot note : note rédigée au bas du document

footnotes : notes de bas de page

to **foot up** (US) : additionner

footing : addition (arithmétique)

for free : à titre gratuit

for valuable consideration : à titre onéreux

forecast : prévision

foreclosure sale : vente consécutive à une saisie

foreign exchange : conversion des comptes en monnaies

foreign subsidiary : filiale étrangère

foreman : contremaître

forgery : contrefaçon, falsification

form : document, formulaire, imprimé

formal : en bonne et due forme

formalities : formalités

former employee : ancien employé

forward : contrat à terme

forward (adj.) : à terme

- ***forward** market* : marché à terme
- ***forward** rate* : taux à terme

framework : structure, cadre conceptuel, référentiel

franchise : concession, franchise

fraud : fraude

fraudulent financial reporting : information financière mensongère

free cash flow : flux de trésorerie disponible

free of taxes : hors taxes

freehold (UK) : immeuble en pleine propriété

- ***freehold*** : en toute propriété

freight charges : frais de transport

fringe : accessoire

- ***fringe** benefits* : avantages sociaux

front office : salle des marchés

full capacity : pleine capacité

full cost : coût complet

full disclosure : information (ou exposé) complète et véridique, état comptable complet

- ***full disclosure** principle* : principe de bonne information

functional tests : test de permanence

fund : trésorerie, caisse ; fonds

to **fund** : financer

funded debt : dette consolidée

freehold (UK) : immeuble en pleine propriété

function cost : charge par destination

furniture and fixtures : mobilier et agencements

futures : opérations à terme

- ***futures** contract* : contrat à terme, futures

G

GAAP (Generally Accepted Accounting Principles) : principes comptables généralement admis, normes comptables

GAAS (Generally Accepted Auditing Standards) : principes d'audit généralement reconnus, normes d'audit

gain : gain, bénéfice, profit

garbage : informations erronées

to **gather** : rassembler, réussir, conclure

gearing : levier financier

- ***gearing*** *ratio* : ratio de structure financière

general

- ***general*** *acceptance* : acceptation sans réserves
- ***general*** *accounting* : comptabilité générale
- ***general*** *and administrative expenses* : frais généraux et administratifs
- ***general*** *controls* : contrôles globaux
- ***general*** *ledger* : grand livre général
- ***general*** *representation letter* : lettre de représentation

gift : don

going : courant, actuel

- ***going*** *concern business* : affaire en exploitation, activité
- ***going*** *concern principle* : principe de continuité d'exploitation
- ***going*** *concern value* : valeur d'utilité (ou d'exploitation)

goods : bien, marchandises, biens meubles

- ***goods*** *dispatch order* : bon, bordereau d'expédition
- ***goods*** *in process* : produits en cours de fabrication
- ***goods*** *receipt order* ; ***goods*** *received note (UK)* : bon de réception
- ***goods*** *returned order* : bon de retour

goodwill : survaleur, fonds de commerce, écart d'évaluation

- *amortization of* ***goodwill*** : amortissement de la survaleur (US)
- ***goodwill*** *depreciation* : amortissement de la survaleur (GB)

governance : gouvernement d'entreprise

government regulations : règles gouvernementales

grant : subvention, allocation

- *to* ***grant*** : octroyer, accorder
- *to* ***grant*** *a credit* : octroyer un crédit

gross : brut

- ***gross*** *income (or profit)* : résultat brut, bénéfice brut
- ***gross*** *margin,* ***gross*** *profit on sales* : marge brute sur les ventes
- ***gross*** *operating surplus* : excédent brut d'exploitation
- ***gross*** *sales* : ventes brutes

grouping sheet : feuille récapitulative

guarantee : aval, caution, cautionnement, garantie

guaranteed : garanti, avalisé

- ***guaranteed*** *bond* : obligation cautionnée, garantie

guarantor : garant, caution

guideline : directive, ligne de conduite, ligne directrice

H

half yearly : semestriel

to **hand back** : retourner, restituer

to **handle** : traiter (documents)

handling : manutention (stock) ; suivi (compte, budget)

hard and fast : absolu, immuable, rigide

hash total : total non significatif (dépourvu de sens particulier)

head office : siège

heading : rubrique

hedge : couverture

- ***hedge*** *fund* : société d'investissement (US)

to **hedge** : couvrir (risques), se couvrir

hedger : arbitragiste

hedging : arbitrage, couverture du risque

hedging against exchange risk : couverture du risque de change

hidden

- ***hidden*** *assets* : actifs sous évalués (ou cachés)
- ***hidden*** *reserve* : réserve occulte

highlights : faits saillants

hired : loué

historical cost : coût historique

- ***historical cost*** *principles* : principe des coûts historiques (d'achat)

to **hold** (on file) : mémoriser

holder : détenteur

holding : participation

- ***holding*** *company* : société de portefeuille, société holding

hurdle rate : taux d'actualisation minimum (choix d'investissement)

I

identify : déceler, détecter

idle capacity : capacité non utilisée

idle capacity cost : coût de sous capacité

idle time : temps chômé, temps non productif

implements : petit matériel, petit outillage

to **imply** : sous-entendre

imprest : avance de fonds

- ***imprest*** *account* : compte d'avances
- ***imprest*** *fund* : fonds de caisse, petite caisse
- ***imprest*** *system* : système de gestion du fonds de caisse par avance de fonds

improvement : amélioration

in effect, in force : en vigueur

inaccuracy : inexactitude, imprécision

inadequate : insuffisant

incentive : stimulant, incitatif

incident to : relatif à, se greffant sur

incidental costs : frais accessoires, faux frais

income : revenu, produit, bénéfice

- ***income*** *per share* : bénéfice par action

- ***income*** *statement* : compte de résultat
- ***income*** *tax* : impôt sur le revenu, impôt sur les bénéfices

to **incorporate** a company : constituer une société

incorporated (Inc) : formé, constitué, en société

incorporation : constitution de société

increase

- ***increase*** *in capital* : augmentation de capital
- ***increase*** *in value* : plus-value

increment : incrément, pas de progression

indemnity : indemnité

independence : indépendance

independence of financial years : indépendance des exercices

independent attitude (appearance) : indépendance d'esprit

to **index** : indexer, dater chaque feuille d'un dossier par un symbole alphanumérique

indexing : indexation

indirect : indirect

- ***indirect*** *costs (expenses)* : charges indirectes
- ***indirect*** *labor* : main d'œuvre indirecte

individual earning record card : fiche de salaire individuelle ouverte au nom de chaque salarié(e)

inflation : inflation

information : information

- *collecting* ***information*** : collecte d'information

inherent risk : risque inhérent

to **initial** : viser, parafer, émarger

initial expense : frais d'établissement

to **initiate** : déclencher

injunction : mise en demeure

in progress : en cours (de)

input : saisie, entrée

inputs : facteurs de production

inquiry (or enquiry) : demande de renseignements

insolvency : insolvabilité

inspection : examen, inspection

inspection report : rapport d'inspection

to **install** (a control) : mettre en place (un contrôle)

installation expenditures : frais d'installation

installment (US), instalment (UK) : versement périodique, versement partiel

- ***instalment*** *sale* : vente à tempérament

Institute of Internal Auditing (IIA) : Institut de l'Audit Interne

instruction : consigne, instruction

insurance : assurance

- ***insurance*** *coverage* : couverture d'assurance

intangible : incorporel

- ***intangibles ; intangible*** *assets* : immobilisations incorporelles

integrated test facility : sélection d'opérations

integrity controls : contrôles d'intégrité

interactive enquiry software : progiciel d'interrogation de fichiers en ligne

interbank : interbancaire, de banque à banque

- ***interbank*** *transfer* : virement bancaire

interchangeable goods : biens fongibles

intercompany accounts : comptes intersociétés (d'un groupe)

interdisciplinary : transversal

interest : frais financiers, intérêts ; participation

- ***interest*** *expenses* : frais financiers
- ***interest*** *income* : revenu en intérêts
- ***interest*** *on arrears* : intérêts de retard, intérêt moratoire
- ***interest*** *rate risk* : risque de taux d'intérêt
- ***interest*** *revenues* : produits financiers

interface : interface, jonction, liaison

interim (accounting) : périodique, provisoire

- ***interim*** *audit* : audit intérimaire (procédures et systèmes)
- ***interim*** *dividend* : acompte sur dividendes
- ***interim financial statements*** : états financiers intermédiaires
- ***interim*** *invoice* : facture pro forma

interlocking investments : participations croisées

intermediate balance : soldes intermédiaires de gestion

internal

- ***internal*** *auditing* : audit interne
- ***internal*** *auditor* : auditeur interne
- ***internal*** *control* : contrôle interne
- ***internal*** *rate of return (IRR)* : taux interne de rentabilité, taux de rentabilité interne

International Accounting Standards Committee (IASC) : Comité International des Normes Comptables

inventories : inventaires, stocks, valeurs d'exploitation

inventory : inventaire, stock

- *to* ***inventory*** : faire l'inventaire, inventorier
- *beginning (or opening)/ending (or closing)* ***inventory*** : *stock de début/stock à la fin*
- *book* ***inventory*** : stock comptable
- ***inventory*** *control (or management)* : contrôle, gestion, ou tenue des stocks
- ***inventory*** *location* : lieu d'entreposage
- *physical* ***inventory (or stocks)*** : stock physique
- ***inventory*** *tag* : étiquette d'inventaire

- ***inventory*** *turnover* : rotation des stocks
- *physical* ***inventory*** : inventaire physique

to **invest** : investir

investigation : enquête, investigation

to **investigate** : analyser, expliquer, enquêter, rechercher l'origine de, examiner

investment : investissement (financier), placement

- ***investment*** *account* : compte de participation
- ***investment*** *bank* : banque d'affaires (ou d'investissement)
- ***investment*** *company* : société d'investissement
- ***investment*** *grants* : subventions d'investissement
- ***investment*** *instrument* : instrument de placement
- ***investment*** *project* : projet d'investissement
- ***investment****s* : participations (ou immobilisations) financières, investissements, financier, actif financier

investor : investisseur

invoice : facture

invoicing : facturation

irrecoverable : irrécouvrable, irrécupérable

irredeemable : non remboursable ; inconvertible (devises)

- ***irredeemable****s* : valeurs irremboursables

irregularities : irrégularités (intentionnelles)

to **isolate** : isoler

to **issue** : délivrer, octroyer, attribuer

- *to* ***issue*** *a check* : émettre un chèque
- ***issue****, issuance* : émission
- ***issue*** *price* : prix d'émission
- ***issue****d shares* : actions émises
- ***issue****d shares capital* : capital émis
- ***issue****r* : société émettrice

item : compte, rubrique ou poste comptable, élément

J

job : travail, tâche

- ***job** card* : fiche de travail
- ***job** cost* : prix de revient d'une commande
- ***job** cost system* : système de comptabilité au coût par commande
- ***job** estimate* : estimation du prix de revient d'une commande
- ***job** order record* : fiche de prix de revient d'une commande
- ***job** time ticket* : bon de travail

jobbers and dealers : revendeurs et agents

joint : conjoint, commun, réuni

- ***joint** and severally* : conjointement et solidairement
- ***joint** costs* : coûts liés
- ***joint** ownership* : copropriété
- ***joint** venture* : coentreprise, entreprise en participation, opération conjointe
- ***joint** venture company* : société en participation

journal : journal, livre-journal

- ***journal** entry* : écriture au journal, article au journal

journalisation, journalization : journalisation

to **journalize, journalise** : journaliser

judgmental sampling : échantillonnage raisonné

junior : subalterne ; de rang inférieur

- ***junior** debt* : obligation de second rang

to **justify** : justifier, prouver

L

labour cost : coût de la main-d'œuvre directe

land : terrain

- ***land*** *registry* : conservation des hypothèques

last in – first out (LIFO) : dernier entré – premier sorti

law : loi

- *commercial* ***law*** : droit commercial
- *company (or corporate)* ***law*** : droit des sociétés
- *labour* ***law*** : droit du travail
- *tax* ***law*** : droit fiscal

lawsuit : procès

lawyer : avocat, conseiller juridique

layoff : licenciement

layout (of file) : structure ou dessin (de fichier)

- ***layout*** *sheet-operation* : gammes d'opérations

LBO (leverage by out) : rachat financé par l'endettement, rachat par effet de levier

lead schedule : état récapitulatif par poste de bilan et de compte de profits et pertes

leading bank : banque chef de file

lease : bail, engagement de location

- *to take on* ***lease*** : prendre à bail

leasehold : propriété louée à bail

- ***leasehold*** *improvements* : aménagements locatifs

leaser : bailleur

leasing : crédit-bail

ledger : grand livre, registre comptable

legal person (or entity) : personne morale

legal reserve : réserve légale

to **lend** : prêter

lender : prêteur

lending : prêt, placement

lessee : locataire (en crédit-bail)

lessor : bailleur (en crédit-bail)

to **let** : louer

level (of test) : étendue (des sondages, des contrôles), population à examiner ou nombre de tests

leverage : effet de levier, levier financier

- ***leveraged*** *management buyout (LMBO)* : rachat de l'entreprise avec effet de levier
- ***leverage*** *ratio* : ratio d'endettement

liabilities : dettes

- ***liabilities and stockholders' equity*** : passif
- ***liabilities under capital lease*** : dettes sur crédit bail

liability : dette

liable : passible de

LIBOR (London InterBank Offered Rate) : taux interbancaire londonien (marché des eurodevises)

licence : licence

LIFO (Last-in, First-out) : dernier entré, dernier sorti

light pen : photostyle, crayon sensible

likelihood : probabilité

limited liability company (UK) : Société à responsabilité limitée (SARL) ; société anonyme

line of credit : ligne de crédit

liquid : liquide

- ***liquid*** *assets* : disponible ; liquidités, actif disponible

to liquidate a company : liquider une société

liquidation : remboursement ; liquidation, réalisation, mise en liquidation

- ***liquidation*** *value* : valeur de liquidation

liquidities : liquidités, actifs liquides, trésorerie

liquidity : liquidité

- ***liquidity*** *ratio* : ratio de liquidité (ou de trésorerie)

list : liste

to **list** : lister, établir une liste

listed corporation : société cotée en bourse

listed entity : entité faisant appel à l'épargne publique

litigation : procès

loan : prêt (ou emprunt)

location : localisation

long-term : long terme

- ***long-term*** *loan* : emprunt à long terme
- ***long-term*** *credit* : crédit à long terme
- ***long-term*** *capital* : capitaux permanents
- ***long-term*** *debt/****long-term*** *liability* : dette à long terme

loss : perte, dépréciation, moins value

- ***loss*** *of visible evidence* : perte du chemin de révision
- *net* ***loss*** : perte nette

lower of cost or market : la plus faible valeur entre le coût de revient et le coût d'acquisition ou de remplacement d'un actif

M

machine : machine

- ***machine*** *shop* : atelier d'usinage

machinery : machines, gros outillage

- ***machinery*** *and equipment* : matériel et outillage

mail room : service courrier

maintenance : maintenance, entretien

- ***maintenance*** *of a control account* : tenue d'un compte de contrôle
- ***maintenance*** *of data* : conservation des données
- ***maintenance*** *and repairs* : entretien et réparations

to **make a settlement** : régler

make-up of balance : composition d'un solde

maker : tireur, souscripteur d'un effet (billet)

to **manage** : diriger

management : administration, gestion, management

- ***management*** *accounting, managerial accounting* : comptabilité de gestion, comptabilité analytique
- ***management*** *buyout* : rachat d'une entreprise par ses salariés (RES)
- ***management*** *control* : contrôle de gestion
- ***management*** *letter* : mémorandum de suggestions pour améliorer les procédures comptables et le contrôle interne ; lettre de recommandation
- ***management representation*** : déclarations de la direction

manager : chef de mission

managing partner : associé gérant, directeur général

mandatory : obligatoire ; impératif

manufacturing : production

- ***manufacturing*** *burden* : charges, coûts de fabrication
- ***manufacturing*** *costs (or expenses)* : coûts de production, coûts de fabrication
- ***manufacturing*** *facilities* : moyens de production
- ***manufacturing*** *overhead* : coût indirect de production

marginal cost : coût marginal

market : marché

- *bear* ***market*** : marché baissier, à la baisse
- *buyer's* ***market*** : marché haussier, à la hausse
- *foreign exchange* ***market*** : marché des changes
- *forward* ***market*** : marché à terme
- *imperfect* ***market*** : marché imparfait
- ***market*** *price not quoted* : cours non coté
- ***market*** *risk premium* : prime de risque
- *perfect* ***market*** : marché parfait
- *securities, financial* ***market*** : marché financier
- *spot* ***market*** : marché au comptant
- *stock* ***market*** : marché boursier

marketable securities : valeurs négociables, titres de placement (négociables en bourse)

to **match (with)** : assortir, coupler ; s'aligner sur

matching : appariement, rapprochement

matching principle (matching costs and revenues) : principe de rattachement des coûts aux produits

material : significatif, important, sensible

- ***material*** *amount* : montant important
- ***material*** *control* : contrôle des matières
- ***material inconsistency*** : incohérence significative
- ***material weakness*** : faiblesse significative

materials : matières, fournitures

materiality : caractère significatif

materiality principle : principe d'importance relative

to **mature** : arriver à échéance, échoir

matured : échu

maturity : échéance

- ***maturity*** *date* : date d'échéance

medium : support

medium term : moyen terme

to **meet a deadline** : respecter un délai

memorandum : mémorandum, note, circulaire

- ***memorandum*** *and articles of association (UK)* : statuts

merchandise : marchandise(s)

merchant bank : banque d'affaires

to **merge** : fusionner, concentration par absoption

merger : fusion

- ***merger****s and acquisition* : fusions et acquisitions

merit rating : évaluation du mérite

method : méthode

minority interests, minorities : intérêts (ou participation) minoritaire(s)

to **minute** : prendre note

minutes : procès-verbal, compte-rendu

minute book : registre des délibérations (procès-verbaux)

miscellaneous : divers

- ***miscellaneous*** *assets* : actifs divers
- ***miscellaneous*** *expenses* : autres charges

misposting : erreur d'imputation

misrepresentation : faux (bilan), présentation erronée, information frauduleuse

missappropriation of assets : détournement d'actifs

misstatement : rapport inexact**,** anomalie

mix : composition, mélange

monetary principle : principe du nominalisme

money : monnaie, argent

- ***money***-*measurement concept principle* : principe de l'évaluation des transactions en termes monétaires
- ***money*** *making* : lucratif

mortgage : hypothèque

- ***mortgage*** *loan* : prêt hypothécaire
- ***mortgage*** *payable* : emprunt hypothécaire
- ***mortgage*** *bond* : obligation garantie par une hypothèque

mortgagee : prêteur, créancier hypothécaire

mortgager, mortgagor : emprunteur ; débiteur hypothécaire

motor vehicules : parc automobile

moving average method : méthode de la moyenne mobile

mutual fund : société d'investissement à capital variable

N

narration : narration, commentaire

natural classification : classification par nature

natural person : personne physique

negotiable : négociable

negotiated bill : effet escompté, effet négociable

net : net

- ***net*** *assets* : actif net
- ***net*** *cash* : paiement comptant, comptant sans escompte, net à payer
- ***net*** *cash, 30 days or* ***net*** *30* : paiement à 30 jours, sans escompte
- ***net*** *earnings,* ***net*** *income (US)* : bénéfice net
- ***net*** *loss* : perte sèche
- ***net*** *of tax (es)* : net d'impôt(s)
- ***net*** *present value (NPV)* : valeur actuelle nette
- ***net*** *profit (UK)* : bénéfice net
- ***net*** *realisable value* : valeur nette réalisable
- ***net*** *return* : rentabilité nette
- ***net*** *revenue* : produits nets
- ***net*** *sales* : ventes nettes, chiffre d'affaires net
- ***net*** *worth* : situation nette
- ***net*** *yield* : rendement net

no : pas de, aucun

- ***no** compensation* : non compensation
- ***no** par stock* : action sans valeur nominale
- ***no** par value* : sans valeur nominale

nominal ledger : grand livre général

nominal value : valeur nominale

nominee : prête-nom

non compliance : non conformité, non-respect

non cumulative preferred stock : action privilégiée sans valeur nominale

non current assets : actif à plus d'un an, à long terme

non current liabilities : passif à plus d'un an/à long terme

non returnable container : emballage perdu

non voting stock : action sans droit de vote

note : billet

- ***note** payable* : effets à payer
- ***note** receivable* : effets à recevoir
- ***note** receivable discounted* : effet remis à l'escompte
- ***note**s and accounts payable* : fournisseurs et effets à payer
- ***note**s and accounts receivable* : clients et effets à recevoir
- ***note**s to financial statements* : annexe, informations annexes aux états financiers

notice : avis

- ***notice to pay*** : mise en demeure (de payer)

notification : avertissement ; préavis

O

objective : objectif, but

- *to meet **objectives*** : atteindre les objectifs

objectivity : objectivité

objectivity principle : principe de prééminence de la réalité sur l'apparence

to **observe** : observer

observation : observation (physique)

obsolescence : désuétude

obsolete : désuet

obtain and record an understanding : comprendre les systèmes et procédures comptables et les formaliser ; décrire le système à évaluer

oddments : articles dépareillés, fins de série

off-line : hors ligne, non connecté, autonome

office : bureau

- ***office** equipment* : matériel de bureau
- ***office** furniture and equipment* : mobilier et équipement

officer : (cadre) dirigeant

official (responsible) : (responsable) accrédité (habileté)

omission : omission

on behalf of : au nom de, pour le compte de

on hand : en stock, disponible

on-line (file or program) : en ligne, à accès direct

- ***on-line*** *system* : système conversationnel

one off : spécifique, sur mesure

open end fund : société d'investissement à capital variable

opening balance : solde d'ouverture

opening price : cours d'ouverture, premier cours

operating : d'exploitation

- ***operating*** *assets* : valeurs d'exploitation
- ***operating*** *capital* : fonds de roulement
- ***operating*** *working capital* : besoin en fonds de roulement
- ***operating*** *costs* : charges d'exploitation
- ***operating*** *cycle* : cycle d'exploitation
- ***operating*** *expenses* : charges d'exploitation
- ***operating*** *losses* : pertes d'exploitation
- ***operating*** *margin* : marge d'exploitation opérationnelle
- ***operating*** *profit (UK)* : bénéfice d'exploitation, résultat d'exploitation
- ***operating*** *result* : résultat d'exploitation
- ***operating working capital*** : besoin en fonds de roulement

operation (of a procedure) : fonctionnement (d'une procédure)

opinion (cf. auditor's report) : opinion, avis

- *qualified* ***opinion*** : opinion avec réserve
- *unqualified* ***opinion*** : opinion sans réserve, certification pure et simple
- *adverse* ***opinion*** : opinion défavorable, refus de certifier
- *disclaimer of* ***opinion*** : impossibilité d'exprimer son opinion

opportunity : possibilité

- ***opportunity*** *cost of capital* : coût d'opportunité du capital

to **opt for** : opter, choisir

option : option

order : commande, ordre

organisation chart : organigramme

originating (department) : (service) émetteur

other auditing procedures : contrôles indiciaires

other deductions : autres charges

out-of-pocked expenses : débours

outgoings : dépenses, débours, sorties d'argent

outlay : frais, dépenses, débours, sortie de trésorerie

outlet : débouché, point de vente

outline (overview) **flowchart** : diagramme synthétique (fonctionnel)

- ***outline*** *system description* : analyse fonctionnelle

output : production ; restitutions

outstanding : non rapproché, en suspens, à échoir, impayé, non remboursé, en suspens

- ***outstanding*** *check (US), cheque (UK)* : chèque en circulation, non présenté
- ***outstanding*** *invoice* : facture impayée
- ***outstanding*** *point* : point à compléter
- ***outstanding*** *shares* : actions en circulation

overabsorption : suractivité

overall audit strategy : stratégie générale (globale) d'audit

overall basis : base globale

overall reconciliation : établir la vraisemblance globale des informations et la logique des relations comptables

overdraft : découvert

overdue : échu, arriéré, en retard

- ***overdue*** *debtor account (UK)* : compte client arriéré

overhead (costs or expenses) (US) – **overheads** (UK) : frais généraux, charges de structure, charges indirectes

override : passer outre à, contourner

to **overspend** : dépenser au-delà de (budget)

overtime premium : prime d'heures supplémentaires

owner's equity : capitaux propres

ownership : propriété

- ***ownership*** *title* : titre de propriété

P

package : progiciel ; emballage

packing slip : bordereau de livraison

paid : payé, réglé, acquitté

- ***paid*** *invoice file* : dossier des factures payées
- ***paid***-*in* : encaissé
- ***paid***-*in capital* : capital versé
- ***paid***-*out* : payé
- ***paid***-*up* : libéré
- ***paid***-*up share capital* : capital souscrit, appelé et versé (libéré)

P. & L. : **profit and loss** : compte de résultat

par : pair

- ***par*** *value* : valeur nominale

parallel running : traitement (exécution) en parallèle

parent company : société mère

Pareto distribution : loi de Pareto, loi du 80/20

parity : parité

particulars : détails, libellé

partner : associé, partenaire

- ***partner*** *in charge* : associé décideur
- *managing* ***partner*** : associé gérant
- *sleeping* ***partner*** : associé passif

partnership : société de personne

to **pass** : passer

password : mot de passe

patent : brevet

- ***patent*** *infringement suit* : poursuite en contrefaçon de brevet

pay : paie, salaire

- ***pay*** *slip* : bulletin de paie
- *to* ***pay*** : payer, rémunérer, régler
- *to* ***pay*** *off* : rapporter, être rentable
- *to* ***pay*** *out* : débourser, dépenser, payer

pay back : remboursement, retour sur investissement

pay back period : délai de récupération (ou de retour sur investissement)

pay out ratio : taux de distribution

payoff (US) : rentabilité, rendement

payable : exigible

payee : bénéficiaire (d'une traite)

payer : souscripteur (effet)

paying off : amortissement d'une dette (emprunt)

payment : paiement, règlement, versement

- ***payment*** *authorization* : bon à payer, autorisation de paiement
- ***payment*** *on account* : acompte
- ***payment****s* *cycle* : cycle des décaissements

payer : payeur

payroll : registre du personnel, masse salariale, effectifs

- ***payroll*** *receipt* : reçu de paie
- ***payroll*** *register (PR)* : journal de paie

pending receipt of… : en attendant de recevoir…

pension and retirement plan : régime de retraite

to **perform** : accomplir

performance indicators : indices, ratios

period : exercice (comptable)

- ***period** under review* : exercice écoulé
- ***period** cost* : coût de période, coût fixe
- ***period** bill* : effet à terme

periodic inventory : inventaire périodique

permanent (or long term) capital : capital permanent

perpetual inventory : inventaire permanent

- ***perpetual inventory** record* : fiche d'inventaire permanent

perpetuity : rente

personal property : biens personnels

personnel department : service du personnel

petty cash fund : fonds de caisse, petite caisse

physical

- ***physical** count* : comptage physique
- ***physical** inventory (US)* : inventaire physique
- ***physical** stock taking (UK)* : inventaire physique

piece-rate : taux à la pièce

planning : planification

plant : équipement industriel, usine

- ***plant** manager* : directeur d'usine
- ***plant** record* : fiche d'immobilisation
- ***plant** site* : emplacement de l'usine

pledged : gagé, nanti

point of sale device (POS) : terminal point de vente (TPV)

point sheet : feuille de points à éclaircir

pool : consortium ; syndicat de placement ; groupement

to **pool** : mettre en commun

portfolio : portefeuille

positive form of a confirmation : formule positive de confirmation

to **post** : comptabiliser, reporter (un montant)

- *to **post** an entry (or an item)* : passer une écriture

post balance sheet disclosures (or events) : événements (significatifs) postérieurs à la clôture de l'exercice

to **post up an account** : mettre un compte à jour

postal check : chèque postal

- ***postal check**ing account* : compte chèque postal

posting to an account : enregistrement dans un compte

practices : pratiques

- *best **practices*** : meilleures pratiques

pre-eminence of the reality over appearance : prééminence de la réalité (physique, économique) sur l'apparence (juridique, comptable)

preference share (UK) : action privilégiée

preferred stock (or share) (US) : action privilégiée (ou à dividende prioritaire)

preliminary expenses : frais d'établissement

preliminary work : travail préliminaire

premium : prime

- ***premium** on bond issue* : prime d'émission (obligation)

prepaid expense ; prepayment : charge payée d'avance, charge constatée d'avance

prepared by client : préparé par le client

present value : valeur actuelle

present value method : actualisation

president : président

prevailing : en vigueur, prédominant

price : prix

- ***price*** *earning ratio* : taux de capitalisation des bénéfices ; ratio cours/bénéfices, ratio prix/bénéfice par action
- *to* ***price*** *inventory* : chiffrer l'inventaire
- ***price*** *list (tariff GB)* : tarif, liste des prix

pricing : fixation des prix, tarification

prime rate : taux de base

principal : capital restant dû d'une dette, principal

- ***principal*** *payment* : remboursement d'emprunt
- ***principal*** *and interest* : principal et intérêts

prior period adjustment : pertes et profits sur exercices antérieurs

problem identification and analysis form (PIAF) : feuille de révélation et d'analyse des problèmes (FRAP)

procedure : procédure, mesure, dispositif

proceeds : produits (de cession d'actifs)

process : processus

- *to* ***process*** : traiter, transformer

procurement : achat

production : production

- *cost of* ***production*** *(or production costs)* : coûts de production
- ***production*** *cycle* : cycle de production
- ***production*** *method of depreciation* : amortissement proportionnel à l'utilisation
- ***production*** *program* : programme d'exploitation (opérationnel)
- ***production*** *schedule* : programme de fabrication

the **professional** classes : les professions libérales

professional fees : honoraires

professional standards : standards professionnels, normes de compétences

profit or loss (UK) : résultat courant (avant impôt)

- ***profit** or loss account* (or statement) : compte de résultat
- ***profit or loss before tax and extraordinary item*** : résultat courant
- ***profit** margin* : marge bénéficiaire
- ***profit margin ratio, profit on sales ratio*** : ratio de rentabilité des ventes
- ***profit** sharing* : participation aux bénéfices

profitability : rentabilité

- ***profitability** index* : indice de profitabilité

profitable : rentable

programme (UK), program (US) : programme

- ***Program** and Record of functional Tests (PRT)* : compte-rendu de préparation et d'exécution des tests de fonctionnement
- ***programmed** procedures* : procédures programmées

project supervisor (manager, leader) : chef de projet

promissory note : billet à ordre

promoter : organisateur, fondateur

prompt payment : paiement rapide

prone to : prédisposé, sujet, exposé à ou se prêter à

property account : compte d'immobilisations

property tax (UK) : impôt foncier

property, plant and equipment : terrains, bâtiments et équipements

proprietorship : entreprise individuelle

protest fee : frais de protêt

to **provide a reserve** : constituer une provision

provision : provision (pour charges)

- ***provision** for contingency* : provision pour risque
- ***provision** for liabilities and charges* : provision pour risques et charges

public

- ***public*** *accountant* : expert comptable
- ***public*** *liability* : responsabilité civile
- ***public*** *limited company* : société anonyme ouverte au public
- ***public*** *offer of exchange* : offre publique d'échange

to **pull inventory tags** : collecter les étiquettes d'inventaire

to **punch clock card** : pointer

purchase : achat

- ***purchase*** *commitment* : engagement d'achat
- ***purchase*** *cut-off* : arrêté comptable des opérations d'achat
- ***purchase*** *order* : bon de commande
- ***purchase****s journal* : journal des achats
- ***purchase****s ledger* : livre des achats

purchasing

- ***purchasing*** *cost* : coût d'achat
- ***purchasing*** *requisition (or request)* : demande d'achat

to **put down** : verser

put (option) : option de vente

qualification : réserve, restriction (dans une opinion)

- ***qualification*** *share* : action déposée en garantie

qualified (audit) opinion : opinion (d'audit) avec réserve

to **qualify** : émettre une (des) réserve(s)

- *to **qualify** for* : ouvrir droit à

quality control : contrôle qualité

quarterly : trimestriel

query : question, interrogation

questionable : contestable, douteux, suspect

quick asset : actif disponible, disponibilités

quick ratio : ratio de liquidité réduite

quietus : quitus

quotation (BID) : cours, cotation d'un titre, d'une offre

quoted

- ***quoted*** *flat* : coté sans intérêt (la société émettrice n'a pas honoré les derniers coupons)
- ***quoted*** *list* : cote officielle
- ***quoted*** *on yield to maturity basis* : cotée en fonction du produit en intérêts pour la période qui reste à courir jusqu'à l'échéance

R

rate : taux

- ***rate*** *of interest* : taux d'intérêt
- ***rate*** *of return* : taux de rentabilité

rating : évaluation

raw material : matière première

real : immeuble (adj.)

real estate (US) : immobilier, biens immobiliers, biens fonciers

- ***real estate*** *company (US)* : société immobilière (ou foncière)
- *real estate tax (US)* : impôt foncier

realisation principle : principe de réalisation des revenus

reasonable assurance : assurance raisonnable

reasonableness check : vérification de vraisemblance

reassessment : réévaluation

recalculation : contrôle arithmétique

receipt : reçu, récépissé, quittance

receivables : créances, comptes clients ; à recevoir

in **receivership** : en liquidation, règlement judiciaire

receiving : réception des marchandises

- ***receiving*** *report* : rapport, fiche de réception

reception : réception

reclassification : reclassification
- ***reclassification** entry* : écriture de reclassification (modifie la présentation)

to **reclassify** : reclassifier

reconciled : ajusté, apuré

reconciliation : rapprochement
- ***reconciliation** statement* : état de rapprochement, de réconciliation

reconciling items : éléments en rapprochement

record : registre comptable ; enregistrement
- ***Record** of Control Weaknesses (RCW)* : état (compte-rendu, répertoire, liste) des insuffisances de contrôle (EIC)
- ***recordkeeping*** : tenue des comptes
- ***records*** : documents comptables

recoverable : récupérable

recovery : reprise (suite à un incident de traitement), recouvrement

recurring activities : activités récurrentes

to **redeem** : rembourser, racheter, amortir, honorer (dette)

redeemable : amortissable, remboursable
- ***redeemable** bond (debenture)* : obligation remboursable

redemption : remboursement, amortissement (dette)
- ***redemption** date* : échéance
- ***redemption** premium* : prime de remboursement
- ***redemption** yield* : taux (ou rendement) actuariel

redundancy : licenciement, mise au chômage (économique)

refinancing : refinancement

refund : remboursement (frais)
- *to **refund*** : rembourser

register : registre, livre
- *to **register*** : inscrire, enregistrer

registered : enregistré, inscrit, nominatif
- ***registered** capital* : capital social

- ***registered*** *office* : siège social
- ***registered*** *security* : titre nominatif
- ***registered*** *share* : action nominative

regular account : compte ordinaire

related activity : activité connexe

related parties : parties liées

related services : services connexes

relevance : pertinence

relevant : approprié, adéquat, pertinent
- ***relevant*** *audit evidence* : preuve d'audit pertinente

reliable audit evidence : preuve d'audit fiable

reliability : véracité, crédibilité, fiabilité

to **rely on** : se fier à, faire confiance à, appuyer son opinion sur

remittance : versement, remise de fonds, paiement
- ***remittance*** *advice* : avis de crédit

to **render** : remettre, rendre, présenter

renewal note : effet de renouvellement

rent : loyer

rental expenses : charges locatives

repayment : remboursement
- ***repayment*** *ratio* : ratio de capacité de remboursement

reperformance : ré-exécution (d'une procédure, d'un calcul)

replacement cost : coût de remplacement

replacement value : valeur de remplacement

report : état, compte-rendu, rapport

report date : date du rapport

reporting : compte-rendu, communication d'information

representation letter : lettre de représentation (ou d'affirmation)

request for statement : demande de relevé de compte

requirement : exigence

requisition : réquisition

research and development : recherches

reserve : réserve, provision

- ***reserve** for depreciation of fixed assets* : amortissement des immobilisations
- ***reserve** for doubtful accounts* : provision pour créances douteuses
- ***reserve** for staff leaving indemnities* : provision pour indemnité de licenciement

residual value : valeur résiduelle

responsibility center : centre de responsabilité

to **resubmit rejections** : recycler (retraiter) les rejets

results of operations : résultats des opérations

retained earnings : réserves, report à nouveau (bénéficiaire)

retained losses : report à nouveau (déficitaire)

retention period : période de rétention

retirement : mise hors service ; remboursement ; retraite

return : rendement

- ***return** on investment (ROI)* : retour sur investissement, bénéfice sur actif
- ***return** on capital* : rémunération (rendement) du capital
- ***return** on capital employed (ROCE) (UK), **return** on invested capital (ROIC) (US)* : rentabilité économique, ou rentabilité opérationnelle
- ***return** on equity (ROI)* : rentabilité des capitaux propres, rentabilité financière

returnable container : emballage consigné

returns and allowances : rabais, remises et ristournes

revaluation : réévaluation

revenue : produit, revenu

- ***revenue** cycle* : cycle des encaissements
- ***revenue** principle* : principe d'appropriation des revenus

to **reverse an entry** : contre-passer une écriture

reversing entries : écritures de contre-passation

reversing error : erreur compensatoire

review : examen limité, revue

- *to **review*** : examiner, passer en revue
- *to **review** a file* : revoir un dossier

revolving credit : crédit renouvelable

risk : **risque**

- ***risk** appetite* : niveau de risque accepté
- *audit **risk*** : risque d'audit
- *inherent **risk*** : risque inhérent
- *control **risk*** : risque de contrôle
- *detection **risk*** : risque de non détection
- ***risk** assessment* : évaluation des risques
- ***risk** analysis* : : analyse des risques
- ***risk** based approach* : approche par les risques
- ***risk** evaluation* : évaluation des risques
- ***risk** exposure* : exposition au risque
- ***risk** mapping* : cartographie des risques
- ***risk** premium* : prime de risques
- ***risk** of material misstatement* : risque d'anomalies significatives
- ***risk** sheet* : feuille de risques
- *significant **risk*** : risqué significatif
- *address a **risk*** : pallier un risque

risk (at) : entaché d'incertitude

rollover credit : crédit renouvelable

rounding error (or round-off error) : erreur d'arrondi

royalties : droits d'auteur, redevances

royalty : redevance, royalty

S

safe deposit box : coffre-fort

safeguard (of assets) : protection des actifs, sauvegarde

safety : sécurité

salaries : salaires, traitements, appointements

sale : vente

- ***sale*** *on instalments* : vente à tempérament

sales (US) : chiffre d'affaires

- ***sales*** *allowances* : réductions de prix sur ventes (rabais, ristournes)
- ***sales*** *commitment* : engagement de ventes
- ***sales*** *cut-off* : arrêté comptable des opérations
- ***sales*** *commitment* : engagement de ventes
- ***sales*** *costs* : frais commerciaux
- ***sales*** *discount* : escompte sur facture de vente
- ***sales*** *order* : commande client
- ***sales*** *register,* ***sales*** *ledger* : journal des ventes
- ***sales*** *returns* : retours sur ventes
- ***sales*** *revenues* : chiffre d'affaires, produit des ventes
- ***sales****man* : vendeur, représentant

salvage : récupération

- ***salvage*** *value* : valeur résiduelle, de liquidation

sample : échantillon

sampling : échantillonnage

- ***sampling*** *risk* : risque d'échantillonnage

SAS (Statements on auditing standards : normes d'audit financier

saving plan : plan d'épargne

scale : échelle, barème

to **scan** : parcourir

schedule : état, tableau

scheduling : programmation, ordonnancement

- ***scheduling*** *(of jobs)* : planification (des travaux)

scope of audit : étendue de l'audit, périmètre de l'audit

scope of the review : étendue de l'examen

scope limitation of audit : limitation de l'étendue de l'audit

scrap : déchet, rebut

- *to* ***scrap*** : mettre au rebut, rebuter
- ***scrap*** *value* : valeur à la casse

to **scrutinise** : parcourir

scrutiny : examen minutieux

sealed railroad car : wagon plombé

search for unrecorded liabilities : recherche des dettes non comptabilisées

secured : garanti, gagé, nanti, privilégié

securities : titres, valeurs (boursières)

- *bearer* ***securities*** : valeur au porteur
- *marketable* ***securities*** : titre de placement
- ***Securities*** *and Exchange Commission (SEC)* : équivalent américain de la Commission des opérations de bourse (COB)
- ***Securities*** *and Investments Board* : équivalent anglais de la Commission des opérations de bourse (COB)
- ***securities*** *in default* : obligations pour lesquelles le service des intérêts a été interrompu
- ***securities*** *market* : marché financier

security : titre (de placement), valeur mobilière

- ***security*** *count* : inventaire physique des éléments composant le portefeuille

security : caution, cautionnement, garantie

- *collateral* ***security*** : cautionnement réel
- *joint* ***security*** : caution solidaire

to **seek** : chercher, rechercher

segregation (of duties) : séparation (des tâches)

self assessment : autoévaluation

self-financing : autofinancement

- *to be* ***self-financing*** : s'autofinancer

self-financing ratio : ratio d'autonomie financière

selling

- ***selling*** *and administrative expense* : frais lié à la production, frais de vente, frais administratif
- ***selling*** *costs* : coûts directs des ventes
- ***selling*** *expenses* : frais de ventes

sensitive : sensible

separate entity concept : principe de séparation des patrimoines

service charge : rémunération d'un service

to **settle** : régler, résoudre ; acquitter, payer

settlement : règlement

SFAS (Statement of Financial Accounting Standards) : normes comptables émanant du FASB (Financial Accounting Standard Board)

sham : fictif

share : action

- *bearer* ***share*** : action au porteur
- ***share*** *capital* : capital social
- ***share*** *premium account* : prime d'émission
- ***share****holder, stockholder* : actionnaire
- ***share****holder's equity (UK), stockholder's equity (US)* : capitaux propres, situation nette, actif net
- ***share****holders' general meeting* : assemblée générale ordinaire
- ***share****holding* : actionnariat

- *to hold* ***shares*** : détenir des actions
- *to issue* ***shares*** : émettre des actions

sharing : participation dans le capital d'une société

shipping department : service d'expédition

shipping ticket : avis d'expédition

short-form procedure : rapprochement de banque à une date donnée (par opposition à la « long-term » qui couvre une période)

short-term

- ***short-term*** *credit* : crédit à court terme
- ***short-term*** *debt (**short-term** liability)* : dette à court terme
- ***short-term*** *loan* : prêt ou emprunt à court terme

SIAS (Statement of International Accounting Standards) : normes comptables internationales établies par l'IASC (International Accounting Standards Committee)

sight (at) : à vue, sur présentation

sight-test : sondage visuel

significance : incidence, importance (relative), caractère significatif

significant : important

simple debenture : obligation chirographaire

sinking fund : fonds d'amortissement

- ***sinking fund*** *debenture* : obligation amortissable

slip : bordereau, feuille, bulletin

slow moving : d'écoulement lent, à rotation lente

- ***slow-moving*** *and obsolete stock* : stock d'écoulement lent ou obsolète

software : logiciel

- ***software*** *house* : société de service et de conseil (d'ingénierie) en informatique (SSCI, SSII)

solvency : solvabilité

to **sort cancelled checks** : trier les chèques payés

sort key : argument, clé de tri

source : source, origine

- ***source** document* : document de base

to **specify** : spécifier

specimen tests : tests type

spooling : édition différée

spot

- ***spot** check* : contrôle intermittent
- ***spot** credit* : crédit immédiat (à court terme), crédit ponctuel
- ***spot** market* : marché au comptant
- ***spot rate*** : taux au comptant

to **spread** : échelonner, étaler ; répartir

stakeholder : partie prenante, partie intéressée

standards : normes (procédures, règles)

standing : permanent

- ***standing** data* : données permanentes

standard cost : prix de revient standard, coût standard

start-up cost : frais d'établissement

stated annual interest rate : taux d'intérêt nominal

statement : état, relevé, tableau

- ***statement** of cash flow* : tableau de variation de trésorerie
- ***statement** of changes in financial position ; **statement** of source and application of funds* : tableau de financement
- ***statement** of earned surplus* : état des bénéfices d'exploitation non distribués
- ***statement** of income* : compte d'exploitation et de profits et pertes
- ***statement** of intent* : cahier des charges
- ***statement** of retained earnings* : état des mouvements des comptes de réserves
- ***Statement** on Auditing Standards (SAS)* : normes d'audit comptable (AICPA)
- ***statement**, step (of program)* : instruction

statistical sampling : sondage statistique

statutory audit : mission légale, commissariat aux comptes

statutory auditor : commissaire aux comptes

stock : action, valeur, titre

- ***stock** exchange* : bourse
- ***stock** issue* : émission d'actions
- ***stock** option* : option d'achat d'actions de l'entreprise par les salariés
- ***stock** price* : cours de l'action
- ***stock** split* : division d'actions

stock : stock, inventaire

- *closing **stock*** : stock final
- *opening **stock*** : stock initial
- *out of **stock*** : épuisé
- ***stock** accounting* : comptabilité matières
- ***stock** clerk* : employé aux stocks
- ***stock** record* : fiche de stock
- ***stock** taking* : inventaire (physique), prise d'inventaire
- ***stock** taking value* : valeur d'inventaire
- *to enter an item into **stock*** : entrer un article en stock
- *to take **stock*** : inventorier

stockholding (US) : actionnariat

stocker : magasinier

stockholder : actionnaire

- ***stockholder**'s equity (or shareholder's equity)* : capitaux propres, situation nette (après affectation des résultats)

store room : magasin

stratification : stratification

strike price : prix d'exercice

stores : magasins

straight-line method (or depreciation) : amortissement linéaire

strike price, striking price : prix d'exercice

study of feasibility : étude d'opportunité

subnormal capacity usage : sous activité

subscription right : droit de souscription

subsequent : ultérieur, subséquent

- ***subsequent*** *events* : événements postérieurs à la clôture du bilan
- ***subsequent*** *payment* : paiement ultérieur
- ***subsequent*** *transaction* : transaction ultérieure

subsidiary : filiale

- ***subsidiary*** *company* : filiale
- ***subsidiary*** *ledger* : livre auxiliaire
- ***subsidiary*** *record* : enregistrement auxiliaire

subsidy : subvention

substance over form : prééminence de la réalité sur la forme (ou l'apparence)

to **substantiate** : justifier, prouver

substantive control : contrôle de validation

substantive procedures : contrôle de substance

substantive test : test (ou vérification) de validation et de cohérence

suitable : judicieux, pertinent

- ***suitable*** *criteria* : critères appropriés

sufficiency : caractère suffisant

sum-of-year-digits : méthode d'amortissement dégressif (US)

summarization : cumul, agrégation, regroupement, totalisation, sommation

summary : récapitulatif

sundries : frais divers

sundry debtors and creditors : débiteurs et créditeurs divers

supervisor (of client) : chef de service

supplier's invoice : facture fournisseur

supplies : matières consommables ; fournitures

supply chain : chaîne logistique (interentreprises)

supply and demand : offre et demande

to support : corroborer, étayer, confirmer

supported by : justifié par

supporting

- ***supporting*** *data, detail, schedule* : document, détail, état venant à l'appui
- ***supporting*** *documents* : pièces justificatives

surplus : excédent de l'actif net sur le capital

- ***surplus*** *from revaluation of fixed assets* : réserve spéciale de réévaluation
- ***surplus*** *reserves* : réserves constituées à des fins spécifiques

suspension of payments : cessation de paiements

SWOT (Strenghts, Weaknesses, Opportunities and Threats) : forces et faiblesses, opportunités et menaces clés

system : organisation

- ***system*** *software* : logiciel de base
- ***system of reference*** : référenciel

T

to **take up** : souscrire à

takeover : prise de contrôle, rachat, reprise

- ***takeover*** *bid* : offre publique d'achat (OPA)
- *to* ***takeover*** : prendre le contrôle, absorber

tally sheet : feuille de pointage, bordereau de pointage

tangible assets : actifs corporels

tape : bande de machine

- *to run a* ***tape*** : préparer une bande de machine
- ***tape*** *drive, unit* : dérouleur (de bandes magnétiques)

tax : impôt, taxe

- ***tax*** *allowance* : abattement fiscal
- ***tax*** *assessment (or notice)* : avis d'imposition
- ***tax*** *credit* : crédit d'impôt
- ***tax*** *rate* : taux d'imposition
- ***tax*** *relief* : dégrèvement d'impôts
- ***tax*** *return* : déclaration fiscale
- ***tax*** *revenue* : recettes fiscales
- ***tax*** *system* : régime fiscal

taxable income : revenu taxable

taxation : fiscalité

taxes : impôts

- ***taxes*** *on earnings* : impôts sur les bénéfices

teleprocessing : télétraitement

tender : soumission, adjudication

term : terme

- ***terms*** *of redemption (or repayment)* : plan (ou tableau) d'amortissement

test : test, examen ; sondage

- *on a* ***test*** *basis* : par sondage
- *compliance* ***test*** : test de conformité
- ***test*** *of control* : test de procédure
- ***test*** *count* : comptage par sondage
- ***test*** *of detail* : test (vérification) de détail
- *to* ***test*** : tester, vérifier

theft : vol

threat : menace

to **tick** : joindre

- ***tick*** *mark* : pointage, marque

to **tie in** – to **tie out** : établir un lien, relier, faire concorder

time

- ***time*** *and motion study* : étude des temps et mouvements
- ***time*** *deposit* : dépôt à terme
- ***time*** *estimate* : estimation des temps
- ***time*** *period principle* : principe de séparation (ou de spécialisation) des exercices
- ***time*** *schedule* : relevé de temps
- ***time****-sharing* : partage de temps, temps partagé
- ***time*** *sheet* : feuille de temps, d'attachement
- ***time****liness principle* : principe d'opportunité

timeliness : opportunité

timely : opportun

timing : déroulement chronologique (calendrier)

- ***timing*** *difference* : différence temporaire

to-do-sheet : liste des travaux restant à effectuer

tolerable error : erreur tolérable (en fonction des objectifs d'audit)

tools : petit outillage

total cost : coût total

to **tour** : visiter

to **trace** : retracer, suivre et comparer, suivre à la trace

traceability : traçabilité

traceable costs : charges directes, coûts directs

cost tracing : affectation des coûts directs

trade

- ***trade*** *marks* : marques (de fabrique)
- *to* ***trade****-in* : échanger
- ***trade****-in allowance* : valeur de reprise

trading profit : bénéfice d'exploitation

traffic and shipping : transport et expédition

transaction

- ***transaction*** *data* : données de mouvement, données provenant des opérations courantes
- ***transaction*** *review* : test d'existence, de confirmation de la réalité des procédures
- ***transaction****s* : opérations

transfer : virement

transportation equipment : matériel de transport

treasurer : trésorier, directeur financier

treasury

- ***treasury*** *certificate* : bon du trésor avec maturité à moins d'un an
- ***treasury*** *note* : bon du trésor avec maturité de un à cinq ans
- ***treasury*** *stock* : actions qu'une société détient de son propre capital (US)

trend : tendance

trial : essai

- ***trial*** *and error* : approximations successives

- ***trial** balance* : balance de vérification, balance avant inventaire, balance provisoire
- ***trial** balance after closing* : balance d'inventaire

true and fair view : image sincère, régulière et fidèle

trust : cartel trust

- ***trust** company* : société d'investissement

to **turn out** : produire, fabriquer, sortir

turnover (UK) : chiffre d'affaires, ventes nettes

- ***turnover** tax* : taxe sur le chiffre d'affaires

U

unaccounted : non inscrit au bilan, non comptabilisé

unaged trial balance : balance ne comportant pas une analyse par antériorité de soldes

unappropriated : non distribué, non réparti

- ***unappropriated** surplus* : report à nouveau

unauthorized : non autorisé

unaudited data : faits et chiffres non audités

uncalled capital : capital non appelé

uncertainty : incertitude

unclaimed check : chèque non réclamé

unclaimed wage : salaire non réclamé

uncollectable account : créance irrécouvrable

undeposited receipt : recette non déposée en banque

underlying data : informations participant à l'élaboration des comptes annuels ; éléments de base

underlying evidence : preuve de base

understanding and recording the system : description du système à évaluer (compréhension du système et formalisation de la connaissance)

understanding of the entity and its environment : connaissance de l'entité et de son environnement

undistributed profits : bénéfices non distribués

unearned revenue : produit comptabilité d'avance

unissued capital : capital non émis

unit-of-production depreciation method : méthode d'amortissement basée sur le nombre d'unités produites

unpaid : impayé

unrecorded liabilities : passif non comptabilisé

unredeemable : non remboursable, non amortissable

unsecured : non garanti

unsettled : impayé

unvouched invoice : facture non vérifiée

update of file : mise à jour d'un fichier

useful life : durée de vie utile (immobilisation)

V

to **validate** : rassembler des éléments probants suffisants pour justifier et confirmer la validité des comptes annuels

validation : validation

- ***validation*** *audit program (VAP)* : programme de contrôle des comptes (PCC)
- ***validation*** *procedures (substantive tests)* : contrôle des comptes (justifier et confirmer le contenu des comptes)
- ***validation*** *tests* : justification des données comptables, tests de validation

validity : authenticité

valuation : évaluation, valorisation, chiffrage

- ***valuation*** *allowance* : provision pour moins value

value : montant, valeur

- ***value*** *added* : valeur ajoutée
- ***value*** *added tax (VAT)* : taxe à la valeur ajoutée (TVA)
- ***value*** *as new* : valeur à neuf
- ***value*** *date* : date de valeur
- *sale* ***value*** : valeur vénale

value (to) : évaluer (valeur) valoriser, apprécier

variable cost : coût variable

variable costing, direct costing : méthode des coûts variables ; valorisation d'un produit à partir des seuls coûts variables qu'il a engendrés

variance : écart

variance analysis : analyse des écarts (standards-réels)

variety : éventail

vault : chambre forte

vendor : vendeur

- ***vendor****'s share* : part de fondateur

venture capital : capital risque

to **verify** : vérifier, contrôler

violation : forçage

visible evidence : système de références

volatility : instabilité du marché

volume discount : ristourne

voting stock : action incorporant un droit de vote

to **vouch** : vérifier, examiner les pièces justificatives

voucher : pièce comptable, pièce justificative

- ***voucher*** *check* : chèque-relevé
- ***voucher*** *clerk* : employé chargé de l'élaboration des paiements
- ***voucher*** *payable* : facture à payer
- ***voucher*** *register* : registre des factures

vouching : contrôles sur pièces (justificatives)

W

wages : salaires (travailleur)

- *net **wages*** : salaire net
- ***wages** and salaries* : rémunération

to **waive** a debt : abandonner une créance

walk-through test : test de conformité (compréhension)

warehouse : magasin ; entrepôt

warrant : bon de souscription, certificat permettant à son détenteur d'acheter des actions

weakness : faiblesse

- ***weakness** control* : faiblesse (insuffisance, déficience de contrôle), entorse (à la sécurité)

weaknesses : points faibles

wear and tear : usure (normale)

weighted average cost : coût moyen pondéré

- ***weighted average cost** of capital (WACC)* : coût moyen pondéré du capital

whole : entier, complet

wholesale : vente en gros

windfall (profit or loss) : exceptionnel (perte, profit)

to **wind up** : liquider (une société)

winding up : liquidation (une société)

window dressing : habillage d'un bilan

wiping-out : apurement (d'une dette)

withdrawal : retrait, annulation

- ***withdrawal*** *from stocks* : prélèvement sur stocks

withholding : retenue à la source (taxe)

- ***withholding*** *tax exemption* : exonération de la retenue de l'impôt

work in process, work in progress : travaux en cours

work order : commande intérieure

worker : ouvrier

working

- ***working*** *assets* : valeur d'exploitation
- ***working*** *capital* : fonds de roulement
- ***working capital needs*** : besoin en fonds de roulement
- *operating* ***working*** *capital* : besoin en fonds de roulement
- ***working*** *paper* : papier, document de travail (quel que soit le support physique)
- ***working*** *trial balance* : balance générale des comptes

workmen compensation insurance : assurance contre les accidents du travail

workshop : atelier

to **write back** : contrepasser

to **write down** : diminuer, réduire ou déprécier la valeur d'un actif, dévaluer

to **write off** : passer en non valeur, amortir intégralement, annuler

Y

year : année

year endings : clôture d'exercice

year-end : clôture (ou fin) de l'exercice

year-to-date : cumul jusqu'à ce jour, cumulé sur l'exercice en cours

yield : rendement

- *to **yield*** : rapporter
- ***yield** curve* : courbe des rendements
- ***yield** management* : gestion des taux
- ***yield** to maturity* : taux de rendement actuariel, rendement à l'échéance
- ***yield** to redemption* : taux actuariel
- ***yield** variance* : écart de rendement

Z

zero base budgeting : budget base zéro

zero coupon bond : obligation à coupon zéro

Français/Anglais

A

à échoir : accruing

à terme : forward (adj.)

à vue, sur présentation : at sight

abandonner une créance : to waive a debt

abattement fiscal : tax allowance

abonnement des charges : accruals

ABB : voir budgétisation par activité

ABC : voir comptabilité par activité

ABM : voir management par activité

absolu, immuable, rigide : hard and fast

absorber (une entreprise) : to absorb, to acquire, to take over

absorption (d'une entreprise) : absorption, acquisition

acceptation : acceptance

acceptation des conclusions d'audit : acceptance of audit findings

acceptation du risque : risk acceptance, assumption of risk

acceptation sans réserves : general acceptance

accès aux documents : access to records

accès direct : direct access

accessoire : fringe

accomplir : to perform, to achieve

accumulation (de coûts, de revenus) : accural (costs, revenues)

accumulation de coûts (par attachement) : accumulation of costs

achat : purchase, procurement, buying

acompte : deposit, advance payment, downpayment

- ***acompte** sur dividendes* : interim dividend

acquisition (investissement) : acquisition

acquitté : paid

actif(s) : asset(s)

- ***actif** à plus d'un an, à long terme* : non current assets
- ***actif** circulant, actif à court terme* : current asset
- ***actif** corporel* : tangible asset
- ***actif** économique* : operating assets, capital employed (UK), invested capital (US)
- ***actif** disponible* : quick asset
- ***actif** financier* : financial asset, investment
- ***actif** immobilisé* : fixed asset
- ***actif** incorporel* : intangible asset
- ***actif** net* : net assets, equity, net worth
- ***actifs** divers* : miscellaneous assets
- ***actifs** sous-évalués (ou cachés)* : hidden assets

action : share (UK), stock (US)

- ***action** au porteur* : bearer share
- ***action** sans droit de vote* : non voting stock
- ***action** déposée en garantie* : qualification share
- ***action** incorporant un droit de vote* : voting stock
- ***action** nominative* : registered share
- ***action** ordinaire* : common stock
- ***action** ordinaire en circulation* : common stock outstanding
- ***action** privilégiée* : preference share (UK)
- ***action** privilégiée (ou à dividende prioritaire)* : preferred stock (or share) (US)

- ***action*** *privilégiée (préférentielle) dont les dividendes se cumulent* : cumulative preferred stock (or share)
- ***action*** *privilégiée convertible* : convertible preferred stock
- ***action*** *privilégiée sans valeur nominale* : non cumulative preferred stock (or share)
- ***action*** *qu'une société détient de son propre capital* : treasury stock (US)
- ***action*** *sans valeur nominale* : no par value share
- ***actions*** *émises* : issued shares
- ***actions*** *en circulation* : outstanding shares
- ***action*** *sans droit de vote* : non voting stock
- *bénéfice par* ***action*** *(BPA)* : earning per share
- *cours de l'****action*** : stock price
- *détenir des* ***actions*** : to hold shares
- *émettre des* ***actions*** : to issue shares

actionnaire : shareholder (UK), stockholder (US)

actionnariat : shareholding (UK), stockholding (US)

activer, hâter : to expedite

activité : activity

- ***activité*** *auditable* : auditable activity
- ***activité*** *connexe* : related activity
- ***activité*** *cyclique* : recurring activity
- ***activité*** *de contrôle* : control activities
- ***activité*** *de soutien* : support activity
- ***activité*** *primaire* : primary activity
- ***activité*** *secondaire* : secondary activity

actualisation : present value method, discounted cash flow

- *coefficient d'****actualisation*** : discount factor

actualiser : to convert to present value

addition : addition, footing (US)

additionner : to add up, to foot up (US), to cost up

adéquation : adequacy, appropriateness

admettre, supposer : to assume

administrateur : director

- ***administrateur*** *ayant des responsabilités opérationnelle* : executive director

administration, gestion de l'entreprise : management

- *Conseil d'**administration*** : Board, Bord of directors

affacturage : factoring

affaires : business

- *faire des **affaires*** : to do business
- *le monde des **affaires*** : the world of business

affaire en exploitation, en activité : going concern business

affectation, imputation (des charges indirectes) : allocation

affectation, imputation (des charges directes) : cost tracing

affecter : to appropriate, to allocate (costs)

agencements et installations : fixtures and fittings

agios : bank charges

agréger : to agregate

aide-comptable : assistant accountant, bookkeeper

aiguillage : switch

ajusté, apuré : reconciled

altérer les données : to corrupt data

amélioration : improvement

aménagements locatifs : leasehold improvements

amende, contravention : fine

amortir : to amortize (dette), to redeem (emprunt), to write off (amortir totalement)

amortir intégralement, annuler : to write off

amortissable, remboursable : redeemable

amortissement : depreciation

- ***amortissement*** *accéléré* : accelerated depreciation

- ***amortissement*** *d'actifs réels* : depreciation
- ***amortissement*** *cumulé* : accumulated depreciation
- ***amortissement*** *dégressif* : declining balance basis depreciation
- ***amortissement*** *de la survaleur* : goodwill depreciation (UK), amortization of goodwill (US)
- ***amortissement*** *d'une dette* (emprunt) : paying off
- ***amortissement*** *des immobilisations (corporelles)* : depreciation
- ***amortissement*** *des immobilisations incorporelles* : amortisation (UK) or amortization (US)
- ***amortissement*** *linéaire* : straight-line method (or depreciation)
- ***amortissement*** *d'emprunt* : redemption
- ***amortissement*** *de ressources naturelles, épuisement* : depletion
- ***amortissements*** *pratiqués* : accumulated depreciation
- ***amortissement*** *proportionnel à l'utilisation* : production method of depreciation
- ***amortissements*** *et provisions pour dépréciation d'actifs* : depreciation and write down of assets
- *tableau (ou plan) d'****amortissements*** : depreciation schedule

analyse : analysis

- ***analyse ABC*** : ABC analysis (Pareto distribution)
- ***analyse*** *d'un compte* : account analysis
- ***analyse*** *des écarts (standards-réels)* : variance analysis
- ***analyse*** *des risques* : risk analysis
- ***analyse*** *du contrôle interne* : control analysis
- ***analyse*** *financière* : financial analysis
- ***analyse*** *fonctionnelle* : outline system description
- ***analyse*** *organique (détaillée)* : detailed system description
- ***analyse*** *par ancienneté (par antériorité)* : ageing

analyser

- ***analyser*** *les comptes à recevoir par date de facturation* : to age receivables
- ***analyser*** *les états financiers* : to analyse financial statements
- ***analyser*** *les inventaires par date d'entrée en stock* : to age inventories
- ***analyser*** *un compte* : to analyse an account
- ***analyser****, expliquer, enquêter, rechercher l'origine de, examiner* : to investigate

analyste financier : financial analyst

ancien employé : former employee

année : year

- ***année** en cours* : current year

annexe : notes to financial statements, to accounts

annuité, versement périodique : annuity

- ***annuité** d'amortissement* : annual depreciation

anomalie (incident isolé, ponctuel) : exception, misstatement

- *liste d'**anomalies*** : discrepancy report

apparence : appearance

appariement automatique des écritures par ordinateur : computer matching

appel de fonds, option d'achat : call

application : application, enforcement (loi), implementation (décision)

appliquer : to enforce

appréciation : appraisal, appreciation, assesment

approbation : approval

approche par les risques : risk based approach

appointements : salaries

approprié, adéquat : relevant

approximations successives : trial and error

apurement (d'une dette) : wiping-out

arbitrage : hedging

arbitragiste : hedger

archives, centre d'archivage : back-up (location)

argent au jour le jour : call money

arrêté comptable des opérations : sales cut-off

arrêté comptable des opérations d'achat : purchase cut-off

arriéré de dividende : dividend in areas

articles dépareillés, fins de série : oddments

arriéré : arrears, overdue

arriver à échéance : to mature

assemblée générale extraordinaire : extraordinary (or special) general meeting

assemblée générale ordinaire : (Annual) General Meeting (AGM) ; Shareholders' General Meeting

assertions : assertions

associé : partner

- ***associé*** *directeur* : partner in charge
- ***associé*** *gérant* (ou directeur général) : managing partner
- ***associé*** *passif* : sleeping partner
- ***associé responsible de la mission*** : engagement partner

s'**associer** : to go into partnership

assortir, coupler : to match with

assurance : insurance

- ***assurance*** *contre les accidents du travail* : workmen compensation insurance
- ***assurance*** *qualité* : quality assurance
- ***assurance*** *raisonnable (en terme de coûts/efficacité)* : reasonable assurance

atelier : workshop

- ***atelier*** *d'usinage* : machine shop

attaches pour dossiers : file staples

attestation : certificate

attribution : allotment

au pair : at par

au prix coûtant : at cost

audit : audit

- ***audit*** *analytique* : analytical review
- ***audit*** *de conformité* : compliance audit
- ***audit*** *des états financiers* : financial audit, audit of financial statements

- **audit** *externe* : external audit
- **audit** de gestion : management audit
- ***audit*** *intérimaire* : interim audit
- ***audit*** *interne* : internal audit
- ***audit*** *légal* : statutory audit
- ***audit*** *opérationnel* : operational audit
- *cabinet* d'***audit*** : auditing firm
- *comité* d'***audit*** : audit committee
- *domaine d'**audit*** : audit area
- *principes* d'***audit*** *à mettre en œuvre* : auditing principles
- *techniques* d'***audit**, de vérification* : auditing techniques

audité : auditee

auditer, faire un audit : to audit

auditeur : auditor
- ***auditeur*** *agréé (commissaire aux comptes)* : registred auditor (GB)
- ***auditeur*** *externe* : external auditor
- ***auditeur*** *interne* : internal auditor

augmentation de capital : capital increase, increase in capital

authenticité : validity

auto-évaluation : self assessement

autofinancement : self-financing

s'autofinancer : to be self-financing

autorisation, pouvoir, mandat : authorisation

autoriser : to authorise

autorité : authority

autres charges : miscellaneous expenses, other deductions

aval : guarantee

avance de fonds : imprest

avancement (réalisation) : achievement

avantages : benefits

- ***avantages** en nature* : compensation in kind
- ***avantages** sociaux (non intégrés au salaire de base)* : fringe benefits

avertissement préalable : early warning

avis

- ***avis** d'expédition* : shipping ticket
- ***avis** d'imposition* : tax assessment (or notice)
- ***avis** de crédit* : remittance advice
- ***avis** de débit (ou bordereau de débit)* : debit memo (or memorandum)

avocat : lawyer

avoir fiscal : dividend tax credit

avoir, note de crédit : credit note

avoué : attorney

ayant droit à… : entitled to…

B

bail, engagement de location : lease

- prendre à **bail** : to take on lease

bailleur ; possesseur d'un bien loué en crédit-bail : lessor, leasor

balance : trial balance

- ***balance*** *âgée* : aged balance
- ***balance*** *après inventaire**, balance*** *comptable,* ***balance*** *de vérification après inventaire* : adjusted trial balance
- ***balance*** *d'inventaire* : trial balance after closing
- ***balance*** *de vérification, balance avant inventaire, balance provisoire* : trial balance
- ***balance*** *générale des comptes* : working trial balance
- ***balance*** *ne comportant pas une analyse par antériorité de soldes* : unaged trial balance
- ***balance*** *par antériorité de solde* : aged (trial) balance (or aged balance)
- *établir la* ***balance*** : to balance

banque, établissement de crédit : bank

- ***banque*** *chef de file* : leading bank
- ***banque*** *d'affaires* : merchant bank
- ***banque*** *de dépôt* : commercial bank, deposit bank

banqueroute : bankruptcy

base globale : overall basis

bénéfice : profit (UK), income (US)

- ***bénéfice*** *avant impôts* : earning before taxes
- ***bénéfice*** *brut* : gross profit (income)

- ***bénéfice*** *comptable* : book profit (income)
- ***bénéfice*** *d'exploitation* : operating profit, trading profit
- ***bénéfice*** *des sociétés* : corporate profits
- ***bénéfice*** *net* : net earnings, net income (US), net profit (UK)
- ***bénéfice*** *par action* : income per share
- ***bénéfice*** *par action (bénéfice/nombre d'actions en circulation)* : earnings per share (EPS)
- ***bénéfices*** *avant intérêts et impôts* : EBIT (Earnings Before Interests and Income Taxes)
- ***bénéfices*** *non distribués* : undistributed profits
- ***bénéfices*** *non répartis* : appropriated retained earnings

bénéficiaire : beneficiary

- ***bénéficiaire*** *d'une traite* : payee (bill)

besoin en fond de roulement : operating working capital, working capital needs

bêta : beta

bien : property, asset

biens, marchandises, biens meubles : goods

- ***biens*** *fongibles* : interchangeable goods
- ***biens*** *immobiliers* : real estate
- ***biens*** *mobiliers* : chattels
- ***biens*** *patrimoniaux* : estate
- ***biens*** *personnels* : personal property

bilan : balance sheet

- ***bilan*** *consolidé* : consolidated balance-sheet
- *établir un* ***bilan*** : to draw up a balance-sheet
- *habillage d'un* ***bilan*** : window-dressing

billet : note

- ***billet*** *à ordre* : promissory note
- ***billet*** *de trésorerie* : commercial paper
- ***billet*** *refusé* : dishonoured note

bloc de contrôle : controlling interest

bon : bond

- ***bon** (obligation)* : bond
- ***bon** à payer, autorisation de paiement* : payment authorisation
- ***bon** de commande* : purchase order
- ***bon d'expédition*** : advise note
- ***bon** de livraison* : delivery note
- ***bon** de réception* : goods receipt order ; goods received note (UK)
- ***bon** de retour* : goods returned order
- ***bon** de souscription* : warrant
- ***bon** de travail* : job time ticket
- ***bon** du Trésor avec maturité à moins d'un an* : Treasury certificate
- ***bon** du Trésor avec maturité de un à cinq ans* : Treasury note
- ***bon**, bordereau d'expédition* : goods dispatch order
- ***bon** du Trésor* : Treasury, government bonds
- ***bon** négociable* : negotiable bond

bonne foi : bona fide

bonnes pratiques : best practices

bordereau, feuille, bulletin : slip

- ***bordereau d'expédition*** : dispatch note
- ***bordereau** de livraison* : packing slip
- ***bordereau** de pointage* : tally sheet

bourse : stock exchange

brevet : patent

brouillon, premier projet, première ébauche : draft

brouillon d'écriture envisagée : draft of a proposed entry

brut : gross

budget : budget

- ***budget** base zéro* : zero base budgeting
- ***budget** de trésorerie* : cash budget
- ***budget** flexible* : flexible budget
- *établir un **budget*** : to draw up a budget

budgéter (ou budgétiser) : to budget

budgétaire : budgetary

- *prévision **budgétaire*** : budget forecast
- *contrôle **budgétaire*** : budget control

budgétisation par activité : activity based budgeting (ABB)

bulletin de paie : pay slip

bureau : office

C

cabinet d'audit : audit firm

cadre : executive

- ***cadre** de direction* : executive officer, senior executive
- *les **cadres*** : executives

cadre (structure) : framework

***cadre** comptable* : accounting framework

***cadre** conceptuel* : framework

cahier des charges : statement of intent

caisses et banques : cash and banks

caissier : cashier

calcul : computation

- ***calcul** ; fixation ; évaluation* : assessment

calculer, faire l'addition de (chiffres) : to cast up (figures)

cambiste (bourse) : broker

capacité : capacity

- ***capacité** d'autofinancement (CAF)* : self financing, cash flow provided by operation
- ***capacité** non utilisée* : idle capacity
- ***capacité** de remboursement* : repayment ratio, ability to pay
- *pleine **capacité*** : full capacity

capital : capital, principal

- *augmentation de* ***capital*** : capital increase
- *besoin en* ***capital*** *(capitaux)* : capital requirements
- ***capital*** *appelé* : called-up capital
- ***capital*** *appelé, souscrit et versé* : paid-up share capital
- ***capital*** *autorisé (ou nominal)* : authorised capital
- ***capital*** *émis ou souscrit* : capital issued (US)
- ***capital*** *en circulation* : capital outstanding
- ***capital*** *non appelé* : uncalled capital
- ***capital*** *non émis* : unissued capital
- ***capital*** *risque* : venture capital
- ***capital*** *social* : issued capital, authorised (or share) capital, capital stock (US)
- ***capital*** *souscrit* : common stock subscribed
- ***capital*** *versé* : paid-in capital
- ***capitaux*** *permanents* : long term capital, permanent capital
- ***capitaux*** *propres (capital souscrit + primes d'émission + réserves)* : stockholder's equity, shareholder's equity
- ***capitaux*** *propres, fonds propres, situation nette* : equity capital, shareholder's equity (UK), stockholder's equity (US), owner's equity
- *rémunération du* ***capital*** : return on capital, capital yield
- *marché des* ***capitaux*** : capital market

capitalisation : capitalisation (UK), capitalization (US)

- ***capitalisation*** *boursière* : equity market capitalisation

caractère approprié : appropriateness

cartel : trust

cartographie des risques : risk mapping

cause : cause

caution : guarantee, security

- ***caution*** *d'offre* : bid bond
- ***caution*** *solidaire* : joint security

cautionnement réel : collateral security

centre de responsabilité : responsibility centre (GB)

- ***centre*** *de coûts* : cost centre
- ***centre*** *d'investissement* : investment centre
- ***centre*** *de frais* : expense centre
- ***centre*** *de profits* : profit centre
- ***centre*** *de revenus (ou de chiffre d'affaires)* : revenue centre

cessation : cessation ; end ; closure

- ***cessation*** *d'activité* : discontinued operation, closing down
- ***cessation*** *de paiements* : suspension of payments

cession : transfer ; assignment

chaîne logistique : supply chain

chambre forte : vault

changement des méthodes comptables : accounting change

charge, frais : charge, expense

- ***charge*** *à payer* : accrued payable
- ***charge à répartir*** *(sur plusieurs exercices)* : amortised expenses
- ***charge*** *différée, reportée* : deferred charge (UK), deferred expense (US)
- ***charge*** *exceptionnelle* : extraordinary charge
- ***charge*** *non déductible* : disallowed deduction
- ***charge*** *payée d'avance* : prepaid expense/prepayment

charges, dépenses, frais : expenses

- ***charges*** *constatées d'avance* : accrued liabilities (charges, cost), prepaid expense
- ***charges*** *d'exploitation* : operating expenses, operating costs
- ***charges*** *de structure* : overheads (UK) ; overhead (US)
- ***charges directes*** : direct expenses (costs)
- ***charges*** *financières* : financial charges
- ***charges*** *indirectes* : indirect expenses (or costs), burden
- ***charges*** *locatives* : rental expenses
- ***charges*** *par destination* : allocated costs, function costs, expenses by cost centre
- ***charges*** *par structure* : structural classified costs

charte d'audit : audit charter

chef

- ***chef*** *comptable* : chief accountant
- ***chef*** *de mission* : manager
- ***chef*** *de projet* : project supervisor (manager, leader)
- ***chef*** *de service* : department head, supervisor (of client)

chemin de révision (ou de vérification) : audit trail

chèque : check (US), cheque (UK)

- ***chèque*** *certifié* : certified cheque
- ***chèque*** *en circulation, non présenté* : outstanding check
- ***chèque*** *non réclamé* : unclaimed check
- ***chèque*** *payé (et par conséquent annulé par la banque)* : cancelled check
- ***chèque*** *postal* : postal check
- ***chèque****-relevé* : voucher check

chercher, rechercher : to seek

chiffre d'affaires : turnover (UK) ; sales (US) ; revenues (US)

- ***chiffre d'affaires*** *net* : net turnover (UK) ; net sales (US)

chiffres comparatifs : comparative figures

chiffrer l'inventaire : to price inventory

circulant : currant, circulating

classement (par catégorie), ventilation, stratification : categorising

classer : to file

classification par destination : functional classification

classification par nature : natural classification, classification by nature

clause, disposition, article : clause

- ***clause*** *de non concurrence* : covenant not to compete

client : client, customer

- ***clients*** *et effets à recevoir* : notes and accounts receivable

clôture d'exercice : end of the year, year endings, year-end

clôturer (bourse) : to close (stock exchange)

coentreprise : joint venture

coffre-fort : safe deposit box

cohérence ; permanence des méthodes : consistency

cohérent : consistent

collecte d'informations : collecting information

collecte et évaluation d'éléments probants : evidence gathering and evaluation

collecter : to collect

collecter les étiquettes d'inventaire : to pull inventory tags

combiner : to combine

comité des comptes : account committee

Comité d'Opérations Boursières (COB)

- SIB : Securities and Investments Board (GB)
- SEC : Securities and Exchange Commission (US)

comité d'audit : audit committee

Comité International de Comptabilité : International Accounting Standards Committee (IASC)

commande, ordre : order

- ***commande** client* : sales order
- ***commande** intérieure* : work order

commentaire : narration

commerce, entreprise commerciale, affaire : business

commissaire aux comptes : registred auditor (GB) ; Certified Public Accountant (CPA) (US) ; auditor

comparatifs (données comparatives) : comparatives

compatible avec ; d'accord avec : consistent with

complet, exhaustif : comprehensive

complicité : collusion

comportement de l'auditeur (adaptation du programme de travail) **face aux faiblesses de contrôle interne** : audit response to internal control weaknesses

composé : compound

composition : composition, mix

- ***composition** d'un solde* : make-up of balance

comprendre les systèmes et procédures comptables et formaliser cette connaissance ; décrire le système à évaluer : obtain and record an understanding

comptabiliser : to post (an entry), to enter

comptabilité : accounting ; bookkeeping

- ***comptabilité** à base d'activité* : activity based costing (ABC)
- ***comptabilité** à base de causes* : activity based costing (ABC)
- ***comptabilité** analytique* : cost accounting
- ***comptabilité** au coût par commande* : job cost system
- ***comptabilité** d'engagement* : accrual accounting
- ***comptabilité** de gestion, comptabilité analytique* : management accounting, managerial accounting
- ***comptabilité** des sociétés* : corporate accounting
- ***comptabilité** en coûts historiques* : acquisition accounting
- ***comptabilité** en partie double* : double-entry bookkeeping
- ***comptabilité** en sections homogènes* : burden centre accounting
- ***comptabilité** générale* : financial accounting ; general accounting
- ***comptabilité** matières* : stock accounting
- ***comptabilité** par activités* : activity based costing (ABC)

comptabiliser : to account for, to enter, to post

comptable

- ***comptable** diplômé* : accountant
- ***comptable** employé, aide comptable* : bookkeeper
- ***comptable** industriel* : cost accountant

comptage par sondage : test count

comptage physique : physical count

comptant, sans escompte : cash, net cash, spot

compte, poste : account

- ***compte****, rubrique ou poste comptable, élément* : item
- ***compte*** *à payer* : account payable
- ***compte*** *à recevoir* : account receivable
- ***compte*** *à recevoir arriéré* : delinquent account receivable
- ***compte*** *bloqué* : escrow account
- ***compte*** *chèque postal* : postal checking account
- ***compte*** *client arriéré* : overdue debtor account (UK)
- ***compte*** *collectif,* ***compte*** *de contrôle au grand livre* : control account
- ***compte*** *courant* : current account
- ***compte*** *d'affectation* : appropriation account
- ***compte*** *d'avances* : imprest account
- ***compte*** *d'exploitation et de profits et pertes* : statement of income
- ***compte*** *d'immobilisations* : property account
- ***compte*** *de contre partie* : contra account
- ***compte*** *de dividendes* : dividend account
- ***compte*** *de participation* : investment account
- ***compte*** *de prélèvements* : drawing account
- ***compte*** *de régularisation* : accruals and deferrals, equalisation accounts
- ***compte*** *de résultat* : income statement, profit and loss account
- ***compte*** *de résultat analytique* : analytical income statement (or profit and loss account)
- ***compte*** *débité en contrepartie* : contra-charge
- ***compte*** *ordinaire* : regular account
- ***compte*** *soldé* : closed account
- ***comptes*** *annuels, états financiers* : financial statements
- ***comptes*** *approuvés (ou certifiés)* : certified accounts
- ***comptes*** *clients (et rattachés)* : accounts receivable
- ***comptes*** *clients ; à recevoir* : receivables
- ***comptes*** *fournisseurs (et rattachés)* : accounts payable
- ***comptes*** *individuels clients* : debtors ledger
- ***comptes*** *intersociétés (d'un groupe)* : intercompany accounts
- ***comptes*** *sociaux* : corporate financial statements

compte-rendu de préparation et d'exécution des tests de fonctionnement : Programme and Record of functional Tests (PRT)

concession, franchise : franchise

conciliation (de totaux de lots) : agreement (of batch totals)

concluant : conclusive

conclusion : conclusion, finding

concordat : composition to creditors

confiance : reliance, confidence

confirmation : confirmation

- ***confirmation*** *externe (demande de)* : external confirmation

confirmation de banque : bank confirmation

confirmer, corroborer : to corroborate

conformité : compliance

- *certificat de* ***conformité*** : certificate of compliance
- *test de* ***conformité*** : compliance test
- *non-****conformité*** : non compliance

conjoint, commun, réuni : joint

conjointement et solidairement : joint and severally

connaissance de l'entité et de son environnement : understanding of the entity and its environment

connaissement, bordereau de livraison : bill of lading

conseil d'administration : board of directors, board

conséquence : effect

conservation, garde : custody

- ***conservation*** *des données* : maintenance of data
- ***conservation*** *des hypothèques* : land registry

consigne, instruction : instruction

consolidation comptable : consolidation

- ***consolidation*** *d'une société filiale* : consolidation of subsidiaries

consolidé, fusionné : consolidated

- *bilan* ***consolidé*** : consolidated balance sheet
- *comptes* ***consolidés*** : consolidated accounts

consommables ; : consumables

consortium ; syndicat de placement ; groupement : pool

constatations (d'audit) : (audit) findings

constaté d'avance, couru : accrued

constituer une provision : to provide a reserve

constituer une société : to set up a company, to incorporate a company

- ***constitué*** *en société* : incorporated (Inc.)

constitution de société : incorporation

constructions : buildings

contestable, douteux, suspect : questionable

contournement (d'un contrôle) : circumvention (of control)

contourner : to by-pass

contrat, convention, arrangement, accord, agrément : agreement, contract

- ***contrat*** *à terme* : futures contract, forward, forward contract
- ***contrat*** *de financement* : finance contract
- *faire exécuter un* ***contrat*** : to enforce a contract

contravention : violation

contrefaçon : forgery

contremaître : foreman

contre-passer : to write back

- ***contre-passer*** *une écriture* : to reverse an entry

contrôle : audit, control

- ***contrôle*** *anticipé, préalable à la clôture, avancé* : early validation
- ***contrôle*** *approfondi des comptes* : extended validation
- ***contrôle*** *arithmétique* : recalculation
- ***contrôle*** *budgétaire* : budgetary control

- ***contrôle** compensatoire* : compensating control
- ***contrôle** d'accès* : access control
- ***contrôle** d'exhaustivité* : completeness control
- ***contrôle** d'existence* : existence check
- ***contrôle** de gestion* : management control
- ***contrôle** de syntaxe* : format check
- ***contrôle** de validation* : validation control, substantive procedure
- ***contrôle** des coûts* : cost control
- ***contrôle** des matières* : material control
- ***contrôle** intermittent* : spot check
- ***contrôle** interne* : internal control
- ***contrôle** par algorithme (chiffre-clé ou lettre-clé, vérification d'auto-contrôle)* : check digit verification
- ***contrôle** préventif* : preventive control
- ***contrôle** qualité* : quality control
- *risque de **contrôle*** : control risk
- ***contrôles** d'intégrité* : integrity controls
- ***contrôles** de conservation* : custodial controls
- ***contrôles** des comptes (justifier et confirmer le contenu des comptes)* : validation procedures (substantive tests)
- ***contrôles** de substance* : substantive procedures
- ***contrôles** globaux* : general controls
- ***contrôles** indiciaires* : other auditing procedures
- ***contrôles** sur pièces (justificatives)* : vouching
- ***contrôles** utilisateurs* : user controls

contrôleur (de gestion) : controller, comptroller

- ***contrôleur** de gestion* : management controller
- ***contrôleur** financier* : financial controller
- ***contrôleur** interne* : internal auditor

convention, obligation contractuelle : covenant

conversion des comptes en monnaies : foreign exchange

conversion des comptes en monnaies : foreign exchange

convertible : convertible

copropriété : joint ownership

cote, cotation : quotation

- ***cote*** *officielle* : quoted list

coté sans intérêt (la société émettrice n'a pas honoré les derniers coupons) : quoted flat

cotée en fonction du produit en intérêts pour la période qui reste à couvrir jusqu'à l'échéance : quoted on yield to maturity basis

cotisation (sécurité sociale) : contribution

cotisations de sécurité sociale : FICA taxes (Federal Insurance Contribution Act) (US)

courant, classique : common

courant, en cours, actuel, en vigueur : current

cours, cotation d'un titre, d'une offre : quotation (BID), price, rate

- ***cours*** *actuel connu* : available current market quotation
- ***cours*** *de clôture* : close, closing price
- ***cours*** *d'ouverture* : opening price
- ***cours*** *du change* : exchange rate
- ***cours*** *non coté* : market price not quoted
- ***en cours de*** : in progress

courtage : brokerage

coût, prix d'achat, coût d'acquisition : cost

- ***coût*** *à base d'activité* : activity based costing
- ***coût*** *approché* : approximated cost
- ***coût*** *budgété* : budgeted cost
- ***coût*** *ciblé* : target cost
- ***coût*** *commun* : joint (or common) cost
- ***coût*** *complet* : absorption costing (method), full cost
- ***coût*** *d'achat (ou d'acquisition)* : purchasing cost, acquisition cost
- ***coût*** *d'acquisition,* ***coût*** *d'achat et de mise en service* : acquisition cost
- ***coût*** *d'opportunité du capital* : opportunity cost of the share capital
- ***coût*** *d'origine (ou coût historique)* : cost basis, cost concept
- ***coût*** *de déplacement et d'amélioration* : cost of removal and betterment
- ***coût*** *de la main-d'œuvre directe* : labour cost
- ***coût*** *de période* : period cost

- ***coût*** *de production* : cost of production
- ***coût*** *de production,* ***coût*** *de fabrication* : manufacturing cost (or expenses)
- ***coût*** *de remplacement* : replacement cost
- ***coût de*** *sous-capacité* : idle capacity cost
- ***coût*** *des capitaux propres* : cost of equity
- ***coût*** *des marchandises achetées* : cost of purchased
- ***coût*** *des marchandises ou des produits vendus, coût des ventes* : cost of goods sold, cost of sales
- ***coût*** *des produits fabriqués* : cost of goods manufactured
- ***coût*** direct : direct cost, traceable cost
- ***coût*** *du capital* : cost of capital
- ***coût*** *estimé* : estimated cost
- ***coût*** *fixe* : fixed cost
- ***coût*** *historique* : historical cost
- ***coût*** *imputé* : applied cost
- ***coût*** *incorporable* : product cost
- ***coût*** *indirect* : indirect cost
- ***coût*** *indirect de production* : indirect manufacturing cost, manufacturing indirect
- ***coût*** *marginal* : marginal cost
- ***coût*** *moyen* : average cost
- ***coût*** *moyen pondéré* : weighted average cost
- ***coût*** *moyen pondéré du capital* : weighted average cost of capital (WACC)
- ***coût*** *réel* : actual cost
- ***coût*** *standard* : standard cost
- ***coût*** *total* : total cost
- ***coût*** *direct de vente (ou de commercialisation)* : selling cost
- ***coûts*** *liés* : joint costs
- ***coût*** *variable* : variable cost

coût/efficacité : cost-benefit

couverture : hedge, hedging

couverture d'assurance : insurance coverage

couverture du risque de change : hedging against exchange risks

se **couvrir** : to hedge

créance : debt

- ***créances*** *clients* : receivables (US)
- ***créances*** *douteuses* : bad debts
- ***créance*** *irrécouvrable* : uncollectable account

créancier, créditeur : creditor

crédit bail : leasing

- ***crédit bail*** *immobilier* : capital lease

crédit : credit

- ***crédit*** *à court terme* : short-term credit
- ***crédit*** *à long terme* : long-term credit
- ***crédit*** *d'impôt* : tax credit
- ***crédit*** *immédiat (à court terme), crédit ponctuel* : spot credit
- ***crédit*** *de trésorerie* : cash advance
- ***crédit*** *renouvelable* : revolving credit, rollover credit
- ***crédit***-*bail* : leasing

critères : criteria

- ***critères*** *appropriés* : suitable criteria

cumul, agrégation, regroupement, totalisation, sommation : summarisation

- ***cumul*** *jusqu'à ce jour* : year-to-date

cycle

- ***cycle*** *de production* : production cycle
- ***cycle*** *des décaissements* : payments cycle
- ***cycle*** *des encaissements* : revenue cycle

D

d'écoulement lent, à rotation lente : slow moving

date : date

- ***date*** *d'achèvement* : completion date
- ***date*** *d'arrêt des comptes* : cut-off date
- ***date*** *d'échéance* : maturity date
- ***date*** *d'effet,* ***date*** *de mise en vigueur* : effective date
- ***date*** *d'exigibilité* : due date
- ***date*** *de comptabilisation* : accounting date
- ***date*** *de présentation* : submission date
- ***date*** *de valeur* : value date
- ***date*** *du rapport* : report date
- ***date*** *ou heure limite ; délai de rigueur* : deadline
- ***date*** *pour laquelle l'examen a lieu (correspondant à la* ***date*** *du bilan)* : audit date

de contre partie : contra

débit : debit

débiteur : debtor

débiteurs et créditeurs divers : sundry debtors and creditors

débours : out-of-pocket expenses

débouché, point de vente : outlet

décaissement : cash outflow

déceler, détecter : identify

déchet, rebut : scrap

déclaration fiscale : tax return

déclaration de la direction : management representations

déclencher : to initiate

- ***déclencher**, mettre en route, lancer, actionner* : to activate

décompte, ventilation des dépenses : breakdown

décote (action) : discount, below par rating

découvert : overdraft

- *accorder un **découvert*** : to allow someone an overdraft on deposit
- ***découvert** bancaire* : bank overdraft

défaillance : breakdown

défalquer : to deduct

défavorable, déficitaire : adverse

déficit : deficit, loss

- *combler un **déficit*** : to make up a deficit

dégrèvement : abatement (tax), tax relief

délai de récupération (ou de retour sur investissement) : pay-back period

délai de règlement : customer credit days, days credit

délai moyen de règlement client : average debtor days ratio

délai moyen de règlement de fournisseur : average creditors days ratio

délivrer, octroyer, attribuer : to issue

demande

- ***demande** d'achat* : purchasing requisition (or request)
- ***demande** d'emploi* : employment application
- ***demande** de relevé de compte* : request for statement
- ***demande** de renseignements* : inquiry (or enquiry)

démarche d'audit : audit approach

déontologie : professional ethic

dépense : expenditure

- ***dépense*** *de caisse ou banque* : cash disbursement (CD)
- ***dépenses****, sorties d'argent* : outgoings

dépenser au-delà de (budget) : to overspend

déposer son bilan : to file for bankruptcy

dépôt, versement ; acompte ; **dépôt** de garantie, cautionnement : deposit

- ***dépôt*** *à terme* : time deposit
- ***dépôt*** *à vue* : call deposit, demand/sight deposit
- ***dépôt*** *en transit* : deposit in transit

dépréciation : depreciation, write-down

dernier entré, dernier sorti : LIFO (Last-in, First-out)

déroulement chronologique (calendrier) : timing

description (formalisation des travaux effectués) : documentation (of audit procedures)

description du système à évaluer (compréhension du système et formalisation de la connaissance) : understanding and recording the system

désinvestissement : disinvestment (investments), divestment (subsidiaries)

désuet : obsolete

désuétude : obsolescence

détail (saisie ligne à ligne) : details (of input data)

détails : details, particulars

détecter : to detect

détenteur : holder

déterminer : decide

détournement (de fonds), malversation : embezzlement, defalcation, misappropriation

dette : debt, liability

- ***dette*** *à court terme* : short-term debt (short-term liability)
- ***dette*** *à long terme* : long-term-debt, long-term liability
- ***dette*** *consolidée* : funded debt
- ***dette*** *sur crédit bail* : liabilities under capital lease
- ***dettes*** *à court terme* : current liabilities

diagramme (de circulation) : flowchart

- ***diagramme*** *synthétique (fonctionnel)* : outline (overview) flowchart

dictionnaire : dictionary

différence, désaccord, écart : difference, discrepancy

- ***différence*** *temporaire* : timing difference

différer : to defer

- ***différer*** *un paiement* : to defer a payment

diligences à effectuer : due care

dilution : dilution

diminuer, réduire la valeur d'un actif, dévaluer : to write down

directeur (responsable) : manager, executive

- ***directeur*** *administratif* : administrative manager
- ***directeur*** *commercial* : commercial manager
- ***directeur*** *d'usine* : plant manager
- ***directeur*** *du crédit* : credit manager
- ***directeur*** *financier, trésorier* : treasurer
- ***directeur*** *général* : managing director ; chief executive officer (CEO) (US)
- ***directeur*** *(membre du conseil d'administration)* : director (GB)

directive, ligne de conduite : guideline

directoire : executive committee

diriger : to manage, to run (a company)

disponible : available

- ***disponible*** *; liquidités, actif* ***disponible*** : liquid assets
- *trésorerie* ***disponible*** : cash in hand

distribuable (bénéfice) : distributable (income/profit)

divers : miscellaneous

dividende : dividend

- ***dividende*** *par action* : dividend per share
- ***dividende*** *détaché* : ex dividend

division d'actions : stock split

document

- ***documents*** *comptables* : records, accounting records
- ***document*** *de base* : source (document)
- ***document****, détail, état venant à l'appui* : supporting data, detail, schedule
- ***document****, formulaire, imprimé* : form
- ***document*** *de synthèse* : summary document

documentation : documentation (of system, program)

documenter : to document

domestique (par opposition à étranger) : domestic

dommages et intérêts : damages

don : gift

données, informations : data

- ***données*** *chiffées* : figures
- ***données*** *provenant des opérations courantes* : transaction data
- ***données*** *permanentes* : standing data

dossier d'audit : audit file

dossier des factures payées : paid invoice file

dossier permanent : CAF (Continuing Audit File)

dotation, provision : allowance

- ***dotation*** *aux amortissements d'un exercice* : depreciation allowance, depreciation charge

douane(s) : customs

douteux (compte) : doubtful (account)

droit : law

- ***droit** commercial* : commercial law
- ***droit** des sociétés* : company (or corporate) law
- ***droit** du travail* : labour law
- ***droit** fiscal* : tax law

droite de marché : capital market line

droits, taxes, impôts : duty

- ***droits** d'auteur* : copyrights, royalties
- ***droit** de souscription* : subscription right

durée : duration

durée de vie utile (immobilisation) : useful life

E

écart : variance (finance, contrôle de gestion), deviation (comptabilité)

- ***écart** budgétaire* : budget variance
- ***écart** défavorable* : unfavourable (or adverse) variance
- ***écart** favorable* : favourable variance
- ***écart** (par rapport à)* : deviation (from)
- ***écart** de rendement* : yield variance

échanger : trade-in (to)

échantillon : sample

échantillonnage : sampling

- ***échantillonnage** d'audit* : audit sampling
- ***échantillonnage** raisonné* : judgmental sampling

échéance : expiry date, due date, maturity date (obligations), redemption date (emprunt), settelment date (facture)

échelle, barème : scale

échelonner (ex. : paiements) : to spread

échoir : mature (to)

échu, arriéré : overdue, outstanding

écran (de visualisation), visu, visuel : Visual Display Unit (VDU)

écriture : entry

- ***écriture** au journal* : journal entry
- ***écriture** comptable* : accounting entry, book entry
- ***écriture** d'ajustement ou de régularisation (modifie le résultat)* : adjusting entry

- ***écriture*** *d'ouverture* : opening entry
- ***écriture*** *de clôture* : closing entry
- ***écriture*** *de reclassification (modifie la présentation)* : reclassification entry
- ***écriture*** *de régularisation* : accruals
- *passer une* ***écriture*** : to post an entry

édition différée : spooling

effectifs : payroll

effet : bill

- ***effet*** *à encaisser* : bill for collection
- ***effet*** *à terme* : period bill
- ***effet*** *de commerce* : bill, trade bill
- ***effet*** *de renouvellement* : renewal note
- ***effet*** *négociable* : negotiable bill (or paper)
- ***effet*** *remis à l'escompte* : note receivable discounted
- ***effet*** *tiré* : drawn bill
- ***effets*** *à payer* : note payable, bill payable
- ***effets*** *à recevoir* : note receivable, bill receivable

effet de levier : leverage

efficace, probant, qui produit l'effet attendu : effective

efficacité, force (valeur) probante : effectiveness

élément

- ***élément*** *exceptionnel ; pertes ou profits exceptionnels* : extraordinary item
- ***éléments*** *du prix de revient* : cost data
- ***éléments*** *en rapprochement* : reconciling items
- ***éléments probants*** : evidence

emballage perdu, consigné : non returnable container

embauche : employment

émettre un chèque : to issue a check

émettre une (des) **réserve**(s) : to qualify

émission (titres) : issue, issuance (securities)

- ***émission*** *d'obligations* : bonds issue

emplacement de l'usine : plant site

employé : employee

- ***employé*** *aux stocks* : stock clerk
- ***employé*** *chargé de l'élaboration des paiements* : voucher clerk
- ***employé*** *comptable, aide comptable* : book keeper

emprunt : borrowing, loan

- *émettre un* ***emprunt*** : to issue a loan
- ***emprunt*** *à x %* : loan bearing interest at x %
- ***emprunt*** *hypothécaire* : mortgage payable
- ***emprunt*** *obligataire* : bonded indebtedness

emprunter : to borrow

emprunteur : borrower

- ***emprunteur*** *; débiteur hypothécaire* : mortgager, mortgagor

en attendant de recevoir : pending receipt of...

en bonne et due forme : formal

en liquidation, règlement judiciaire : in receivership

en souffrance, arriéré : overdue

en stock, disponible : on hand

en vigueur : in effect, in force

- ***en vigueur****, prédominant* : prevailing

encaisse : cash in hand

encaissé : paid-in

encaissement, recette : collection

encaissement : cash inflow

encaisser un chèque : to cash a cheque

endettement : net debt

endos, endossement (aval) : endorsement (cheque, bill)

endosser : to endorse

endosseur : endorser

engagement : commitment

- ***engagement*** *d'achat* : purchase commitment
- ***engagement*** *de ventes* : sales commitment

enquête, demande de renseignements : enquiry (or inquiry), investigation

enregistré, inscrit, nominatif : registered

enregistrement auxiliaire : subsidiary (record)

enregistrement dans un compte : posting to an account

enregistrer, passer une écriture : to enter

entaché d'incertitude : risk (at)

entier, complet : whole

entité : entity

- ***entité*** *auditée* : audited entity
- ***entité*** *faisant appel à l'épargne publique* : listed entity

entorse, dérogation, manquement : departure (deviation)

entreprise : enterprise, firm, company

- ***entreprise*** *en difficultés* : ailing firm
- ***entreprise*** *en participation* : joint-venture
- ***entreprise*** *individuelle* : proprietorship
- *objectif de l'**entreprise*** : corporate objective
- *politique de l'**entreprise*** : corporate policy
- *structure de l'**entreprise*** : corporate structure

entretien et réparations : maintenance and repairs

environnement de contrôle (interne) : control environment

envoi de demandes de confirmation : to circularise, circularisation

envoyer, acheminer, expédier : to dispatch

équipe affectée à la mission (audit) : engagement team

équipement industriel, usine : plant

équivalent de l'ordre des experts-comptables en France : AICPA : American Institute of Certified Accountant

équivalent de la Commission des opérations de bourse (COB) : Securities and Exchange Commission (SEC)

erreur : error

erreur compensatoire : reversing error

erreur d'arrondi : rounding error (or round-off error)

erreur d'imputation : misallocation, misposting

erreur occasionnelle : anomalous error

escompte : discount

- ***escompte*** *pour paiement comptant* : cash discount

escompter un effet : to discount a bill

- ***escompter*** *sur facture (de ventes)* : sales discount

essai : trial

espèces : cash

estimation, évaluation : appraisal

- ***estimation*** *comptable* : accounting estimate
- ***estimation*** *d'un coût* : cost estimate
- ***estimation*** *des temps* : time estimate
- ***estimation*** *du prix de revient d'une commande* : job estimate

estimer, évaluer : to estimate

établir : to ensure

- ***établir*** *la vraisemblance globale des informations et la logique des relations comptables* : overall reconciliation
- ***établir*** *les comptes* : to draft the accounts
- ***établir*** *un lien, relier, faire concorder* : to tie in, to tie out

établissement des coûts de revient : costing

étaler (paiements) : to spread

état

- ***état,*** *compte-rendu, rapport* : report
- ***état***, *relevé* : statement
- ***état***, *tableau* : schedule

- ***État*** *(compte-rendu, répertoire, liste)* **des Insuffisances de Contrôle** *(EIC)* : Record of Control Weaknesses (RCW)
- ***état*** *d'une créance du point de vue chances de recouvrement* : collectibility
- ***état*** *de caisse* : cash statement
- ***état*** *de paie, masse salariale* : payroll
- ***état*** *de rapprochement, de réconciliation* : reconciliation statement
- ***état*** *des bénéfices d'exploitation non distribués* : statement of earned surplus
- ***état*** *des mouvements des comptes de réserves* : statement of retained earnings
- ***état*** *récapitulatif par poste de bilan et de compte de profits et pertes* : lead schedule
- ***état*** *financier* : financial statement

étendue

- ***étendue*** *(des sondages, des contrôles), population à examiner ou nombre de tests* : level (of test)
- ***étendue*** *de l'audit* : audit scope
- ***étendue*** *du travail de vérification* : scope of work, scope of review

éthique : éthics

étiquette d'inventaire : inventory tag

étude d'opportunité : feasibility study

étude des temps et mouvements : time and motion study

étude sur le terrain : fieldwork

eurodevises : Eurocurrencie

euro-obligations : Eurobonds

évaluation : appraisal, evaluation, assessment, rating

- ***évaluation*** *(appréciation) du contrôle interne, de la fiabilité des systèmes et procédures* : internal control assessment
- ***évaluation*** *des risques* : risk assessment, risk evaluation
- ***évaluation*** *du mérite* : merit rating
- ***évaluation****, valorisation, chiffrage* : valuation

évaluer : to assess

évaluer (valeur) : to value

événements (significatifs) **postérieurs à la clôture de l'exercice** : post balance sheet disclosures (or event, adjusting events)

éventail : variety

éventualité, événement inattendu : contingency

exact : accurate

exactitude, fiabilité (chiffres) : accuracy

- ***exactitude*** *mathématique des calculs* : clerical accuracy

examen, revue : review

- ***examen*** *analytique* : analytical procedures
- ***examen*** *de conformité* : compliance review
- ***examen*** *de la logique interne des programmes* : program code analysis
- ***examen*** *de la matérialisation des contrôles,* ***examen*** *des justificatifs* : examination of evidence
- ***examen*** *limité* : review
- ***examen approfondi*** : scrutiny
- ***examen*** *minutieux* : scrutiny

examiner : to examine

- ***examiner*** *(passer en revue)* : to review
- ***examiner*** *les pièces justificatives* : to vouch

excédent brut d'exploitation (EBE) : gross operating surplus, EBITDA (earnings before interest, taxes, depreciation and amortization)

excédent de l'actif net sur le capital : surplus

exceptionnel (perte, profit) : windfall (profit or loss)

exercice comptable : accounting period, fiscal period, financial year

exercice écoulé : period under review

exhaustivité : completeness

exigence : requirement

exigible : payable

- ***exigible,*** *payable* : due

exonération : exemption

- ***exonération** de la retenue de l'impôt* : withholding tax exemption

expert-comptable : chartered accountant (UK) or certified public accountant (CPA) (US)

expertise comptable : public accounting

expiré : expired

exploitation (fonctionnement) : operations

d'**exploitation** : operating

exposition au risque : risk exposure

extraire certains passages des procès-verbaux de conseils d'administration, d'assemblées d'actionnaires, etc. : to abstract minutes

F

factice, fictif : dummy

facturation : billing, invoicing

- ***facturation*** *interne des travaux informatiques* : job accounting

facture : invoice, bill

- ***facture*** *à payer* : voucher payable
- ***facture*** *de vente* : sales invoice
- ***facture*** *fournisseur* : supplier's invoice
- ***facture*** *non vérifiée* : unvouched invoice
- ***facture*** *pro-forma* : interim invoice

faiblesse : weakness

- ***faiblesse*** *(insuffisance, déficience) de contrôle, entorse à la sécurité* : weakness (control)
- ***faiblesse*** *significative* : material weakness

failli : bankrupt

faillite : bankruptcy

faire figurer dans les livres : to carry on the books

faire l'inventaire, inventorier : to inventory

faire le don de : to donate

faits et chiffres non audités : unaudited data

faits saillants : highlights

falsification : forgery

faux bilan, présentation erronée, information frauduleuse : misrepresentation

feuille : sheet, slip, form

- ***feuille*** *de pointage, bordereau de pointage* : tally sheet
- ***feuille*** *de points à éclaircir* : point sheet
- ***feuille*** *de présence* : attendance sheet
- ***feuille*** *de calcul de prix de revient* : cost sheet
- ***feuille*** *de temps, d'attachement* : time sheet
- ***feuille*** *journalière d'emploi du temps* : daily time sheet
- ***feuille*** *récapitulative* : grouping sheet
- ***feuille*** *de révélation et d'analyse des problèmes (FRAP)* : problem identification and analysis form (PIAF)

fiabilité : accuracy (chiffres) ; reliability

fiche

- ***fiche*** *d'immobilisation* : plant record
- ***fiche*** *d'inventaire permanent* : perpetual inventory record
- ***fiche*** *de prix de revient d'une commande* : job order record
- ***fiche*** *ou feuille de revenu individuelle sur laquelle sont enregistrés les éléments de paie d'une période prolongée* : individual earning record card
- ***fiche*** *de risque* : risk sheet
- ***fiche*** *de stock* : stock record
- ***fiche*** *de travail* : job card

fichier : file

fictif : sham

filiale : subsidiary (company)

- ***filiale*** *(au pluriel : sociétés apparentées)* : affiliated company
- ***filiale*** *étrangère* : foreign subsidiary

fin d'exercice : year-end

finance : finance

financer : to finance

financement : financing

financer : to finance, to fund

financier : financial

fiscalité : taxation (imposition), tax system (régime)

fixation des prix, tarification : pricing

flux : flow

- ***flux*** *de trésorerie* : cash flow
- ***flux*** *de trésorerie disponible* : free cash flow

folio de journal : folio journal (FJ)

fonction (d'un programme) : facility (of program)

- ***fonction****s d'un programme, dispositifs* : features (of program)

fonctionnement (d'une procédure) : operation (of a procedure)

- ***fonctionnement*** *normal et continu* : continued proper operation

fonds : funds

- ***fonds*** *d'amortissement* : sinking fund
- ***fonds*** *de caisse à montant fixe* : imprest system ; imprest cash fund
- ***fonds*** *de caisse, petite caisse* : imprest fund, petty cash fund
- ***fonds*** *de roulement* : working capital, operating capital
- ***fonds*** *propres* : equity

formalités : formalities

forme (en bonne et due forme) : formal

formé, constitué, incorporé : incorporated

formulaire : form

- ***formulaire*** *fiscal de déclaration des résultats* : federal income tax return
- ***formulaire****, imprimé utilisé dans les affaires* : business form

formule positive de confirmation : positive form of a confirmation

fournisseur : supplier, vendor

- ***fournisseurs*** *et effets à payer* : notes and accounts payable
- *comptes* ***fournisseurs*** : accounts payable
- ***fournisseurs*** : creditors (comptable)

fournitures : supplies

frais : costs (coûts), expenses (dépenses), charges (compte de résultat)

- ***frais**, dépenses, débours, sortie de trésorerie* : outlay
- ***frais** accessoires, faux **frais*** : incidental costs
- ***frais** commerciaux* : sales costs
- ***frais** d'établissement* : initial expense, preliminary expenses, start-up cost
- ***frais** d'installation* : installation expenditures
- ***frais** de courtage* : brokerage fee
- ***frais** de fabrication* : manufacturing burden, costs
- ***frais** de gestion* : administrative costs
- ***frais** de protêt* : protest fee
- ***frais** de représentation* : entertainment expenses
- ***frais** de transport* : freight charges
- ***frais** de ventes* : selling expenses
- ***frais** différés* : expenditure carried forward
- ***frais** divers* : sundries, contingency payments
- ***frais** financiers* : financial charges, interest expenses
- ***frais** généraux et administratifs* : general and administrative expenses
- ***frais** généraux, charges de structure* : overhead (US) – overheads (UK)
- ***frais généraux absorbés** (ou attachés au coût de revient)* : absorbed overhead
- ***frais** indirects* : burden
- ***frais** indirects de production* : factory overhead
- ***frais** liés à la production, **frais** de vente, **frais** administratifs* : selling and administrative expense
- ***frais** reportés* : deferred charges

franco de port : FOB destination

- ***franco de port**, livré par nos soins* : FOB «delivered our truck»

fraude : fraud

- ***fraude** commise par le personnel* : employee fraud

fusion : merger

- ***fusion**s et acquisitions* : mergers and acquisitions
- *concentration par **fusion**s* : amalgamation

fusionner : to merge, to amalgamate

futures : futures

G

gage : security, pledge

gagé, nanti : pledged

gain, bénéfice, profit : gain

gammes d'opérations : layout sheet-operation

garant, caution : guarantor

garanti, gagé : secured

garantie, caution, cautionnement : guarantee

gestion : management

- ***gestion*** *financière* : financial management
- ***gestion*** *des taux* : yield management
- ***gestion*** *de trésorerie* : cash management

global, total : aggregate

gouvernance d'entreprise : governance, corporate governance

grand livre, registre comptable : ledger

- ***grand livre*** *auxiliaire des comptes clients* : accounts receivable ledger
- ***grand livre*** *général* : general ledger, nominal ledger

gratuit (à titre) : for free

grève : strike

groupement : pool, trust, group

guide (manuel) comptable : accounting manual

guide d'audit : audit manual

H

habillage d'un bilan : window dressing

heures disponibles : available hours

holding : holding company

honoraires : professional fees

- ***honoraires**, redevances, droits* : fees

hors taxes : free of tax

hypothèque : mortgage

I

idoine, (bien) adapté, opportun : appropriate

image

- ***image*** *fidèle* : fair view (fair presentation)
- ***image*** *mémoire, vidage de mémoire* : dump
- ***image*** *sincère, régulière et fidèle* : true and fair view

immeuble (adj.) : real, fixed

immeubles : real assets, real estate

immeuble en pleine propriété : freehold (UK)

immobilisations : fixed assets

- ***immobilisations*** *amortissables* : depreciable assets
- ***immobilisations*** *corporelles* : fixed assets
- ***immobilisations*** *financières* : financial assets, investments
- ***immobilisations*** *incorporelles* : intangibles ; intangible assets
- ***immobilisations*** *ou travaux en cours* : construction in progress

impayé : unpaid, overdue, outstanding, unsettled

important : significant, material

imposition : taxation, tax assessment

impôt (s) : tax(es)

- ***impôt*** *différé* : deferred tax
- ***impôt*** *foncier* : property tax (UK), real estate tax (US)
- ***impôt*** *sur le revenu,* ***impôt*** *sur les bénéfices* : income tax
- ***impôt*** *sur les sociétés* : corporate tax, corporation tax

- ***impôts*** *directs* : direct taxes
- ***impôts*** *sur les bénéfices* : taxes on earnings

imputable à : accruing to

imputer : to allocate, to assign

imputation : allocation

incertitude : uncertainty

incidence, importance : significance

incident : failure

incohérence significative : material inconsistency

incorporel : intangible

incrément, pas de progression : increment

indemnité : indemnity

indépendance : independence

- ***indépendance*** *d'esprit* : independant attitude (appearance)

indexation : indexing

indexer : to index

indices, ratios : performance indicators

- ***indice*** *des prix à la consommation* : CPI (consumer price index)
- ***indice*** *de profitabilité* : profitability index

inducteur : driver

- ***inducteur*** *d'activité* : activity driver
- ***inducteur*** *de coûts* : cost driver

indirect : indirect

inexactitude, imprécision : inaccuracy

inflation : inflation

information : information

information (fournie ou à fournir) : disclosure

- ***information** (ou exposé) complète et véridique, état comptable complet* : full disclosure
- ***information** erronnée* : garbage
- ***information financière*** : financial reporting
- ***information financière mensongère*** : fraudulent financial reporting
- ***informations** participant à l'élaboration des comptes annuels ; éléments de base* : underlying data
- ***information périodique*** : reporting

informatisé ou informatique (automatisé) : computerised

infraction : violation, offence

inscrire (comptabilité) : to enter, to post

insolvabilité : insolvency

inspection : inspection

inspection détaillée d'une liasse de pièces : block vouching test

inspection par sondage : spot check

instabilité du marché : volatility

installations (équipements) : facilities, fittings

Institut de l'Audit Interne : Institute of Internal Auditors (IIA)

installations (immeubles par destinations) : fixtures

instrument (crédit, paiement, investissement) : instrument

- ***instrument** de placement* : investment instrument
- ***instrument** financier* : financial instrument
- ***instruments** financiers à terme* : financial futures

insuffisant : inadequate

interbancaire : interbank

intérêt(s) : interest(s)

- ***intérêt**(s) composé(s)* : compound interest(s)
- ***intérêt** couru provisionné* : accrued interest

- ***intérêts*** *intercalaires* : interim interests
- ***intérêts*** *majoritaires* : controlling interests
- ***intérêts*** *minoritaires* : minority interests, minorities
- ***intérêts*** *moratoires (ou de retard)* : interests on arrears

interface, jonction, enchaînement, relation, liaison : interface

intervention, mesure : action

inventaire, stock, : inventory

- ***inventaire*** *amoindri, épuisé* : depleted inventory
- ***inventaire*** *périodique* : periodic inventory
- ***inventaire*** *permanent* : perpetual inventory
- ***inventaire*** *physique* : physical inventory (US), physical stock taking (UK)
- ***inventaire*** *physique des éléments composant le portefeuille* : security count
- ***inventaire****, prise d'****inventaire*** : stock taking

inventorier : to take stock

investigation : investigation

investir : to invest

investissement (placement) : investment, capital expenditures (CAPEX)

- *biens* ***d'investissements*** : capital goods
- ***investissement*** *industriel* : corporate investment

investisseur : investor

irrécouvrable, irrécupérable : irrecoverable

irrégularités : irregularities

isoler : to isolate

J

jetons de présence : attendance fees

jeux d'essai d'audit : test data

joindre : to tick

journal : journal

- ***journal** de bord (ordinateur)* : console log
- ***journal** de paie* : payroll register
- ***journal** des achats* : purchases journal
- ***journal** des ventes* : sales register, sales ledger

journalisation : journalisation (UK), journalization (US)

journaliser : to journalise, to journalize

judicieux, pertinent : suitable

jurisprudence : case law

juste valeur marchande : fair market value

justesse, suffisance : adequacy

justificatif de caisse : petty cash voucher

justificatif de paiement : disbursement voucher

justification des données comptables : validation tests

justifier, prouver : to justify, to substantiate

- ***justifié** par* : supported by

L

label (indicatif interne) : label

lancer (un traitement) : to submit (a job)

lettre

- ***lettre** de change* : bill of exchange
- ***lettre** de crédit* : letter of credit
- ***lettre** de mission* : engagement letter
- ***lettre** de relance* : dunning letter
- ***lettre** de représentation* : minute representation letter
- ***lettre** de représentation (ou d'affirmation)* : representation letter, general representation letter

levier financier : leverage (US), gearing (UK)

liasse : bundle, collection of documents

- ***liasse** fiscale* : tax declaration

libellé : particulars (écriture), description (compte)

libéré : paid-up

licence : licence

licenciement : layoff

- ***licenciement**, mise au chômage économique* : redundancy

lieu d'entreposage : inventory location

ligne de crédit : line of credit, credit line

ligne de flux : flow-line

lignes directrices : guidelines

liquidation, mise en liquidation : liquidation, winding up

liquider une société : to liquidate a company, to wind up a company

liquidités : liquidities, cash, liquid assets

listage : listing

liste : list

- *établir une* ***liste*** : to draw up a list, to list
- ***liste*** *d'anomalies* : discrepancy report
- ***liste*** *de contrôle* : check list
- ***liste*** *des instructions* : source listing
- ***liste*** *des travaux restant à effectuer* : to-do-sheet

lister : to list

livre

- ***livre*** *auxiliaire* : auxiliary ledger, subsidiary ledger
- ***livre*** *de caisse* : cash book
- ***livre*** *des achats* : purchases ledger
- ***livre*** *des inventaires* : balance book
- ***livre****s comptables (journaux, grands livres)* : (the) books, account books, accounting records

localisation : location

location : hire

location-acquisition : capital lease

locataire, loueur d'un bien loué en crédit-bail : lessee

logiciel : software

- ***logiciel*** *d'audit* : audit software

loi : law

- ***loi de Pareto*** *(loi du 80/20)* : Pareto distribution, 80/20 distribution

long terme : long term

louer : to rent, to let

louer (à bail) : to lease

loueur (à bail) : lessor

loueur : renter, hirer

loyer : rent

lucratif : money making

M

machine

- *les* ***machines*** : machine ; the machinery
- ***machine*** *démantelée* : dismantled machine

magasin : store room

- ***magasin*** ; entrepôt : warehouse
- ***magasin***_s_ : stores

magasinier : storeman, warehouseman

main-d'œuvre

- ***main d'œuvre*** *directe* : direct labour
- ***main d'œuvre*** *indirecte* : indirect labour

maintenance, entretien : maintenance

management : **management**

- ***management*** *à base d'activité* : activity based management

manuel d'audit : audit manual

manutention (stock) ; suivi (compte, budget) : handling

marchandise(s) : merchandise

marché

- ***marché*** *à terme* : forward market
- ***marché*** *au comptant* : spot market
- ***marché*** *baissier* : bear market
- ***marché*** *boursier* : stock market
- ***marché*** *des changes* : foreign exchange market

- ***marché*** *financier* : securities market, financial market
- ***marché*** *haussier* : buyer's market
- ***marché*** *imparfait* : imperfect market
- ***marché*** *parfait* : perfect market

marge

- ***marge*** *bénéficiaire* : profit margin
- ***marge*** *brute d'autofinancement* : cash flow, cash provided by operation
- ***marge*** *brute sur les ventes* : gross margin, gross profit on sales, profit margin
- ***marge*** *contributive ou semi brute* : contribution margin
- ***marge*** *d'exploitation, opérationnelle* : operating margin

marques (de fabrique) : trade marks

masse salariale : payroll

matériel : equipment

- ***matériel*** *de bureau* : office equipment
- ***matériel*** *de transport* : motor vehicles
- ***matériel*** *et outillage* : machinery and equipment

matière : material

- ***matière*** *première* : raw material
- ***matières*** *consommables* : factory supplies
- ***matières*** *consommables ; fournitures* : supplies

MATIF (Marché à Terme des Instruments Financiers) : financial futures market

mauvaise foi (de) : bad faith

MEDAF : CAPM

meilleures pratiques : best practices

mémorandum de suggestions pour améliorer les procédures comptables et le contrôle interne ; lettre de recommandation : management letter

mémorandum, note, circulaire : memorandum

mémoriser : to hold (on file)

menace : threat

méthode : method

- ***méthode** d'amortissement accéléré ou dégressif* : double-declining balance
- ***méthode** d'amortissement basée sur le nombre d'unités produites* : unit-of-production depreciation method
- ***méthode** d'amortissement dégressif* (US) : sum-of-year-digits
- ***méthode** de la mise en équivalence* : equity method
- ***méthode** de la moyenne mobile* : moving average method
- ***méthode** des coûts variables* : direct costing
- ***méthode** des coûts variables* ; valorisation d'un produit en lui affectant uniquement les coûts variables qu'il a engendrés : variable costing, direct costing
- ***méthode** du coût moyen pondéré* : weighted average cost method
- ***méthode** du pouvoir d'achat constant* : constant dollars method

mettre en commun : to pool

mettre en place (un contrôle) : to install (a control)

mettre un compte à jour : to post up an account

mise à jour (d'un fichier) : update (of file)

mise au rebut : disposal

mise en demeure : injunction, notice

mise en place (des données) : set-up (of data)

mise hors service ; remboursement ; retraite : retirement

mission : engagement

- *acceptation de la **mission*** : engagement acceptance
- ***mission** d'attestation particulière* : agreed-upon procedures engagement
- ***mission** d'audit* : audit engagement, audit assignment
- ***mission*** légale, commissariat aux comptes : statutory audit
- *associé responsable de la **mission*** : engagement partner
- *risques de la **mission*** : engagement risk

mobilier et agencement : furniture and fixtures

mobilier et équipement : office furniture and equipment

moderne, **évolué** : advanced

module de contrôle, superviseur : control module

moins value : loss

monnaie (devise) : currency

monnaie inconvertible : blocked currency

monnaie, argent : money

montant : value

- ***montant** global* : aggregate amount
- ***montant** important* : material amount

mot de passe : password

moyen de vérification de moindre portée que les circonstances obligent à substituer à un autre plus efficace : alternative procedures

moyen terme : medium term

moyens de production : manufacturing facilities

multiplication : extension

multiplier : to extend

N

nantissement : collateral

négociable : negotiable

net : net

- ***net** à payer* : net cash
- ***net** d'impôt (s)* : net of tax(es)

niveau acceptable : acceptable level

niveau de confiance : assurance level, confidence level

nombre d'actions dont l'émission est autorisée par les statuts : authorised shares

nomenclature : bill of materials

non autorisé : unauthorized

non compensation : no compensation

non distribué, non réparti : unappropriated

non garanti : unsecured

non inscrit au bilan, non comptabilisé : unaccounted

non rapproché, en suspens, à échoir : outstanding

non remboursable, inconvertible : irredeemable

non remboursable, non amortissable : unredeemable

normes (procédures, règles) : standards

- ***normes*** *d'audit* : auditing standards
- ***normes*** *comptables* : accounting standards
- ***normes*** *comptables émanant du FASB (Financial Accounting Standard Board)* : SFAS (Statement of financial accounting standards)
- ***normes*** *comptables internationales établies par l'IASC (International Accounting Standards Committee)* : SIAS (Statement of International Accounting Standards)
- ***normes*** *d'audit comptable (AICPA)* : Statement on Auditing Standards (SAS)
- ***normes*** *d'exécution du travail terrain* : field work standards
- ***normes*** *de compétences* : professional standards
- ***normes*** *de vérification,* ***normes*** *d'audit* : auditing standards

note de débit : debit note

note de frais : expense claim

note de bas de page : footnote

notes afférentes aux états financiers (annexe) : notes to accounts

notes de vérification : foot notes

numérique : digital

O

objectif, but : objective, goal

- ***objectif*** *d'audit* : audit objective
- *atteindre les* ***objectifs*** : to meet objectives, to accomplish the goals

obligataire : bondholder

obligation : bond, debenture

- ***obligation*** *à coupon zéro* : zero coupon bond
- ***obligation*** *amortissable* : sinking fund debenture
- ***obligation*** *au porteur* : bearer bond
- ***obligation*** *cautionnée (garantie)* : guaranteed bond
- ***obligation*** *chirographaire* : simple debenture
- ***obligation*** *contractuelle, convention* : covenant
- ***obligation*** *convertible en action ordinaire* : convertible bond
- ***obligation*** *de second rang* : junior debt
- ***obligation*** *garantie par une hypothèque* : mortgage bond
- ***obligation*** *nominative* : registered bond
- ***obligations*** *pour lesquelles le service des intérêts a été interrompu* : securities in default
- ***obligation*** *remboursable* : redeemable bond (debenture)

observation (physique) : observation

observer : to observe

obtenir confirmation (le plus souvent par écrit) : to confirm

octroyer un crédit : to grant a credit

offre : bid

offre et demande : supply and demand

offre publique d'achat : take-over bid

omission : omission

onéreux (à titre) : for valuable consideration

OPA (Offre Publique d'Achat) : takeover bid

- *lancer une **OPA*** : to launch a takeover bid

OPE : public offer of exchange, exchange offer

opération

- ***opération** comptable qui consiste à s'assurer que les journaux auxiliaires concordent avec les comptes généraux* : balancing subsidiary records
- ***opération** conjointe* : joint venture
- ***opération** à terme* : futures
- ***opérations*** : transactions

opinion, avis : opinion (cf. auditor's report)

- *impossibilité d'exprimer une **opinion*** : disclaimer of opinion, denial of opinion
- ***opinion** d'audit* : audit opinion, auditors' opinion
- ***opinion** défavorable* : adverse opinion
- ***opinion** réservée**, réserve*** : qualified opinion
- ***opinion** sans réserve* : unqualified opinion

opportun : timely

opportunité : timeliness

opter, choisir : to opt for

option : option

- ***option** d'achat* : call option
- ***option** de vente* : put option
- ***option** d'achat d'actions de l'entreprise par les salariés* : stock option

ordinateur de secours : back-up (computer)

ordinogramme (ou organigramme) : flowchart

ordre du jour : agenda

- *mettre à l'**ordre du jour*** : to put on the agenda

ordre de transfert (ou de virement) : bank letter, bank transfer order

organigramme : flowchart, organisation chart

organisateur, fondateur : promoter

organisation : system

outillage : fixings

ouvrier : worker

ouvrir droit à : to qualify for

P

paie : pay, wages

paiement, règlement : payment

- ***paiement*** *à 30 jours, sans escompte* : net cash, 30 days or net 30
- ***paiement*** *à la commande* : cash with order
- ***paiement*** *à la livraison* : cash on delivery (COD)
- ***paiement*** *anticipé* : anticipated payment
- ***paiement*** *comptant, sans escompte ; net à payer* : net cash
- ***paiement*** *rapide* : prompt payment
- ***paiement*** *ultérieur* : subsequent payment

pair : par

panne : failure (machine)

papier (document) de travail : working paper

papiers de travail (ensemble) : documentation

par sondage : on a test basis

parcourir : to scan, to scrutinise

parité : parity

part à moins d'un an des emprunts à long terme : current portion of long-term debts

part de fondateur : vendor's share

partage de temps, temps partagé : time-sharing

partenaire (de l'entreprise)**, partie prenante** : stakeholder

participation : holding

- ***participation*** *dans le capital d'une société* : sharing
- ***participation*** *aux bénéfices* : profit sharing
- ***participation****s financières, investissements* : investments
- ***participation*** *majoritaire* : controlling interest

parties liées : related parties

partie prenante (ou intéressée) : stakeholder

pas de, aucun : no

passation en frais : charge-off

passer : to pass

- ***passer*** *en non valeur* : to write off
- ***passer*** *outre à, contourner* : override
- ***passer*** *une écriture* : to post an entry (or an item)

passible de : liable

passif : liabilities

- ***passif****, créances et engagements* : claims and liabilities (UK)
- ***passif*** *à plus d'un an, à long terme* : non current liabilities
- ***passif*** *circulant* : current liabilities
- ***passif*** *éventuel (engagement hors bilan)* : contingent liability
- ***passif*** *non comptabilisé* : unrecorded liabilities

patrimoine : assets

payable à la demande : due on demand

payé : paid-out

payeur : payer

période comptable : accounting period

période de rétention : retention period

périodique (comptabilité, finance) : interim

permanence des méthodes : consistency

permanent : standing

personne investie des plus hautes fonctions de direction générale : chief executive officer

personne morale : legal (or artificial) person (or entity)

personne physique : natural person

perte, dépréciation : loss

- ***perte** du chemin de révision* : loss of visible evidence
- ***perte** nette* : net loss
- ***perte** sèche* : net loss, dead loss
- ***perte** d'exploitation* : operating losses
- ***pertes** reportées* : accumulated losses
- ***pertes** et profits sur exercices antérieurs* : adjustments, prior period adjustment

pertinence : relevance

pertinent : proper

petit matériel, petit outillage : implements

petit outillage : tools

phase finale d'une vérification : final work

photostyle, crayon sensible : light pen

pièce de monnaie : coin

pièce comptable : voucher

pièce justificative : supporting document

piste d'audit : audit trail

plafond, limite ou ligne de crédit, autorisation de crédit : credit limit (UK), credit line (line of credit) (US)

plan

- ***plan**, dispositif de continuité d'exploitation* : contingency plan
- ***plan** comptable* : chart of accounts, accounting system
- ***plan** d'affaires* : business plan
- ***plan** (ou tableau) d'amortissement* : terms of redemption (or repayment)

- ***plan*** *d'audit* : audit plan
- ***plan*** *d'épargne* : saving plan
- ***plan*** *de financement* : financial plan
- ***plan*** *de trésorerie* : cash flow forecast

planification : planning
- ***planification*** *de la mission* : audit planning, engagement planning
- ***planification*** *financière* : financial planning

planification (des travaux) : scheduling (of jobs)

plus-value : appreciation, increase in value
- ***plus*** *(ou moins)* ***value*** *de cession* : capital gain (or loss)

plus faible valeur entre le coût de revient et le coût d'acquisition ou de remplacement d'un actif : lower of cost or market

point à compléter : outstanding point

point de contrôle : check point

points faibes : weaknesses

points forts : control strength

point mort : break-even point

pointage (personnel) : clocking

pointage, marque : tick mark
- ***pointage*** *des états* : checking of print-outs

pointer : to punch clock card ; to check (off)

portefeuille : portfolio
- ***portefeuille*** *efficient* : efficient portfolio

porteur (d'une action, d'une obligation ou d'un chèque) : bearer

possibilité : opportunity

poursuite en contrefaçon de brevet : patent infringement suit

pratique comptable : accounting practice

pratiques : practices
- *meilleures* ***pratiques*** : best practices

préavis : notice

précompte mobilier : dividend equalisation tax

prédisposé, sujet, exposé à ou se prêter à : prone to

prééminence de la réalité sur l'apparence : substance over form, pre-eminence of the reality over appearance

prélèvement : drawing

- ***prélèvement** sur stocks* : withdrawal from stocks

premier entré, premier sorti : FIFO (first-in ; first-out)

préparation (des travaux) : set-up (of jobs)

préparé par le client : prepared by client (PBC)

présence : attendance

président : chairman, president

- ***président** directeur général* : chairman and managing director (GB) ; cheif executive officer (or CEO) (US)
- ***président** du conseil d'administration* : chairman (of the board)

prêt ou emprunt : loan

- ***prêt** ou emprunt garanti* : collateral loan
- ***prêt** au jour le jour* : call loan
- ***prêt** hypothécaire* : mortgage loan
- ***prêt** ou emprunt à court terme* : short-term loan
- ***prêt** ou emprunt à long terme* : long-term loan

prête-nom : nominee

prêter : lend (to)

prêteur : lender

- ***prêteur**, créancier hypothécaire* : mortgagee

preuve (matérialisation), indice : evidence (cf. audit evidence)

- ***preuve** d'audit* : audit evidence
- ***preuve** d'audit fiable* : reliable audit evidence
- ***preuve** d'audit pertinente* : relevant audit evidence
- ***preuve** de base* : underlying evidence

- ***preuve*** *écrite* : written evidence
- ***preuve*** *qui corrobore* : corroborating evidence

prévision : forecast

prime : premium

- ***prime*** *d'émission,* ***prime*** *de fusion* : additional paid-in-capital, share premium (account)
- ***prime*** *d'émission (obligation)* : premium on bond-issue
- ***prime*** *d'heures supplémentaires* : overtime premium
- ***prime*** *de remboursement* : redemption premium
- ***prime*** *de risque* : market risk premium

principal et intérêts : principal and interest

principe : principle

- ***principe*** *d'appropriation des revenus* : revenue principle ; accrual principle
- ***principe*** *d'importance significative* : materiality principle
- ***principe*** *d'opportunité* : timeliness principle
- ***principe*** *de bonne information* : disclosure principle, full disclosure principle
- ***principe*** *de continuité d'exploitation* : going concern principle, continuity assumption
- ***principe*** *de l'entité comptable* : accounting entity principle
- ***principe*** *de l'évaluation des transactions en termes monétaires* : money – measurement concept principle
- ***principe*** *de permanence des méthodes* : consistency principle
- ***principe*** *de prééminence de la réalité sur l'apparence* : objectivity principle
- ***principe*** *de prudence* : conservatism principle
- ***principe*** *de rattachement à l'exercice* : accrual principle (UK) accrual basis (US.)
- ***principe*** *de rattachement des coûts et produits à la période* : matching principle
- ***principe*** *de réalisation des revenus* : realisation principle
- ***principe*** *de séparation (ou de spécialisation) des exercices* : time period principle
- ***principe*** *de séparation des patrimoines* : separate entity concept
- ***principe*** *de stabilité monétaire* : stable dollar ; unit-of-measure assumption
- ***principe*** *des coûts historiques (d'achat)* : historical cost principles
- ***principe*** *du coût d'acquisition (ou du coût d'origine)* : cost principle
- ***principe****s comptables* : accounting principles

- ***principes*** *comptables généralement admis* : GAAP (Generally Accepted Accounting Principles)
- ***principes*** *d'audit généralement reconnus* : GAAS (Generally Accepted Auditing Principles)

prise de contrôle : take-over

prix : price

- ***prix*** *d'émission* : issue price
- ***prix*** *d'exercice* : strike price, striking price
- ***prix*** *de revient* : cost price, costs
- ***prix*** *de revient d'une commande* : job cost
- ***prix*** *de revient standard, coût standard* : standard cost
- ***prix*** *de souscription* : allotment price
- ***prix*** *demandé en bourse par un vendeur éventuel* : ask (see bid-close)
- ***prix*** *imposé* : administered price, fixed selling price

probabilité : likelihood

probant, décisif : conclusive

procédure, mesure, dispositif : procedure

- ***procédures*** *administratives (manuelles)* : clerical procedures
- ***procédures analytique*** : analytical procedures
- ***procédure*** *comptable* : accounting procedure
- ***procédures*** *de vérification* : auditing procedures
- ***procédures*** *programmées* : programmed procedures

procès : lawsuit, litigation

procès-verbal : minutes

processus : process

- ***processus*** *comptable* : accounting process
- ***processus*** *d'évaluation des risques suivi par l'entité* : entity's risk assessment process

production : output, production

- *coûts de* ***production*** : costs of production, production costs

produire, fabriquer : to turn out

produire, rapporter : to yield

produit, revenu : revenue

- ***produit*** *comptabilisé d'avance* : unearned revenue
- ***produit à recevoir*** : accrual, deferred income, accrued asset
- ***produit*** *constaté d'avance* : accrued income, revenue
- ***produit****s (de cession d'actifs)* : proceeds
- ***produit****s financiers* : interests, interest revenue
- ***produit****s finis* : finished goods
- ***produit****s nets* : net revenues

profession comptable : accountancy (profession)

professions libérales : professional classes

progiciel : package

- ***progiciel*** *d'audit* : computer audit package
- ***progiciel*** *d'interrogation de fichiers en ligne* : interactive enquiry software

programmation, ordonnancement : scheduling

programme : programm (US), programme (UK)

- ***programme*** *d'audit, de vérification* : audit programme (UK), audit programm (US)
- ***programme*** *d'exploitation (opérationnel)* : production program
- ***programme*** *de contrôle des comptes (PCC)* : validation audit program (VAP)
- ***programme*** *de fabrication* : production schedule
- ***programme*** *de travail* : audit procedures, audit plan
- ***programme****s d'application* : application programs

projet, brouillon, première ébauche : draft

projet : project, plan

- ***projet*** *d'investissement* : investment project, capital project

proportion de circularisation : coverage of circularisation

propriété : ownership

propriété louée à bail : leasehold

protection des actifs : custody of assets

protection des actifs (sauvegarde) : safeguard (of assets)

provision (pour charges) : provision, allowance

- ***provision*** *pour créances douteuses* : bad debts reserve (or allowance)
- ***provision*** *pour créances douteuses* : reserve for doubtful accounts
- ***provision*** *pour impôt* : accrued income tax
- ***provision*** *pour indemnité de licenciement* : reserve for staff leaving indemnities
- ***provision*** *pour moins value* : valuation allowance
- ***provision*** *pour risques* : provision for contingency
- ***provisions*** *pour risques et charges* : provisions for liabilities and charges

provisoire : interim

question, interrogation : query

quittance : receipt

quitus : quietus

R

rabais : rebate

rabais, remises et ristournes : returns and allowances

rachat : buy-out, take over

rachat par endettement : LBO (Leverage By Out)

rachat d'entreprise par ses salariés (RES) : management buyout, employee buyout

rachat d'une entreprise avec effet de levier : leveraged management by out (LMBO)

rapport

- ***rapport*** *annuel sur la situation financière de l'entreprise* : annual report
- ***rapport*** *d'audit* : audit report
- ***rapport*** *d'inspection* : inspection report
- ***rapport*** *de vérification* : audit report
- ***rapport*** *des auditeurs (ou des commissaires aux comptes)* : auditor's report
- ***rapport*** *journalier de caisse* : daily cash report
- ***rapport****, fiche de réception* : receiving report

rapprochement : reconciliation

- ***rapprochement*** *bancaire* : bank reconciliation
- ***rapprochement*** *de banque à une date donnée (par opposition à la « long-term » qui couvre une période)* : short-form procedure
- ***rapprochement*** *de banque portant sur une période* : long-form procedure

rassembler des éléments probants suffisants pour justifier et confirmer la validité des comptes annuels : to validate

ratio : ratio

- ***ratio*** *d'autofinancement* : self financing ratio
- ***ratio*** *d'autonomie financière* : financial leverage ratio
- ***ratio*** *d'endettement* : gearing (or leverage) ratio
- ***ratio*** *de liquidité générale* : current ratio, liquidity ratio
- ***ratio*** *de liquidité immédiate* : cash ratio
- ***ratio*** *de liquidité réduite* : acid test ratio, quick ratio
- ***ratio*** *de rentabilité des ventes* : profit margin ratio, profit on sales ratio
- ***ratio*** *de structure financière* : gearing ratio
- ***ratio*** *prix/bénéfice par action* : price earnings ratio
- ***ratio*** *de trésorerie* : current ratio

rebut : scrap

- *mettre au* ***rebut*** : to scrap

récapitulatif : summary

réception : reception

- ***réception*** *des marchandises* : receiving

recette (de caisse ou banque) : cash receipt (CR)

- ***recette*** *non déposée en banque* : undeposited receipt
- ***recette****s fiscales* : tax revenue

recherche des dettes non comptabilisées : search for unrecorded liabilities

recherches : research and development

réclamation, prétention : claim

reclassification : reclassification

reclassifier : to reclassify

recommandation d'audit : audit recommendation

reconnaissance de dette : certificate of indebtedness

reçu, récépissé : receipt

- ***reçu*** *de paie* : payroll receipt

récupérable : recoverable

récupération : salvage

recycler (retraiter) les rejets : resubmit (rejections)

redevance : royalty

réduction commerciale ou financière, prime : discount

- ***réductions*** *de prix sur ventes (rabais, ristournes)* : sales allowances
- ***réduction*** *de valeur* : write-down

réel, concret : actual

réexécution (d'une procédure) : reperformance

réévaluation : revaluation

référentiel : system of reference

référentiel comptable : comprehensive basis of accounting

refinancement : refinancing

refus d'exprimer une opinion : disclaimer (or denial) of opinion

refuser, rejeter, ne pas admettre : to disallow

régime de retraite : pension and retirement plan

registre, livre : register

- ***registre*** *comptable* ; enregistrement : record
- ***registre*** *de transfert des actions* : capital stock register
- ***registre*** *des factures* : voucher register
- ***registre*** *des procès-verbaux* : minutes book
- ***registre*** *des retenues* : deduction record
- ***registre*** *du personnel* : payroll

règlement : settlement

- ***règlement*** *intérieur* : by-laws

régler, rembourser, acquitter : to make a settlement, to settle

règles d'application des contrôles de base : disciplines over basic controls

règles gouvernementales : government regulations

régularisation, ajustement : adjustment

- *comptes de* ***régularisation*** : accuals

relatif à, se greffant sur : incident to

relevé : **summary, list, statement**

- ***relevé*** *bancaire* : bank statement
- ***relevé*** *de comptages* : count sheet
- ***relevé*** *de compte* : statement of account, abstract of account
- ***relevé*** *de temps* : time schedule

reliure : binder

remboursement

- ***remboursement*** *(dette)* : repayment, redemption, pay back
- ***remboursement*** *(emprunt, créance)* : repayment, reimbursement, principal payment
- ***remboursement*** *(frais)* : refund
- ***remboursement****, liquidation, réalisation* : liquidation
- ***remboursements*** *anticipés* : advance repayments

rembourser : to redeem, to refund

remettre, rendre, présenter : to render

remplir, compléter : to fill in ; or fill out

rémunérer : to remunerate, to pay

rémunération d'un service : service charge

rendement : yield, return

- ***rendement*** *à l'échéance* : yield to maturity
- ***rendement*** *net* : net yield, return

reddition des comptes : accountability report

rendre compte de : to account for

rentabiliser : to make profitable

rentabilité : profitability

- ***rentabilité*** *des capitaux propres* : return on equity (ROE)

- ***rentabilité*** *économique ou rentabilité opérationnelle* : return on capital employed (ROCE) (UK), return on invested capital (ROIC) (US)
- ***rentabilité*** *nette* : net return
- *seuil de* ***rentabilité*** : break-even point
- *atteindre le seuil de* ***rentabilité*** : to break-even

rentable : profitable

rente : perpetuity, annuity

répartir, ventiler : to apportion, to allocate (costs)

répartition

- ***répartition*** *de la paie* : distribution of payroll
- ***répartition*** *des charges* : distribution of charges
- ***répartition*** *des frais généraux* : allocation of overhead expenses

répertoire : directory

report à nouveau : balance carried forward

- ***report à nouveau*** *bénéficiaire* : retained earnings
- ***report à nouveau*** *déficitaire* : retained losses

report sur l'(les) exercice(s) précédent(s) ou suivant(s) : carry back, carry forward

reporter : to carry

reprendre un solde : to carry forward

réquisition : requisition

réserve : reserve, retained earnings

- ***réserve****, provision* : reserve
- ***réserve****, restriction (dans une opinion)* : qualification
- ***réserve*** *légale* : legal reserve
- ***réserve*** *occulte* : hidden reserve
- ***réserve*** *spéciale* : surplus reserve
- ***réserve*** *spéciale de réévaluation* : surplus from revaluation of fixed assets
- ***réserve****s et report à nouveau* : earned surplus, retained earnings

respecter (des règles) : to comply with

- ***respecter*** *un délai* : to meet a deadline

responsabilité civile : public liability

responsable, détenteur (des titres des espèces de la société) : custodian

- ***responsable** accrédité* (habileté) : official (responsible)

résultat : profit or loss, bottom line, income

- *résultat analytique* : analytical profit or loss
- *compte de **résultat*** : income statement, P. and L.
- ***résultat** brut* : gross profit
- ***résultat** comptable* : accounting result
- ***résultat** courant* : profit or loss (UK), earnings before interest and taxes (US) – EBIT
- ***résultat** d'exploitation* : operating results, operating profit (UK), earnings before interest and taxes (EBIT) (US)
- ***résultat** exceptionnel* : extraordinary income
- ***résultat** net (ou bénéfice)* : net profit, net income (UK), net earnings (US)

retenue à la source (taxe) : withholding

retenues (sur salaires), charges sociales : deductions (of payroll)

retour sur investissements : return on investment (ROI), pay back

retourner, restituer : to hand back

retours sur ventes : sales returns

retracer : to trace

retrait : withdrawal

revendeurs et agents : jobbers and dealers

revenu : income

- ***revenu**, produit, bénéfice* : income
- ***revenu** différé* : deferred income
- ***revenu** en dividendes* : dividend income
- ***revenu** en intérêts* : interest income
- ***revenu** exceptionnel* : extraordinary income
- ***revenu** taxable* : taxable income
- ***revenus**, bénéfices* : earnings

revue : review

risque : risk

- ***risque*** *d'audit* : risque d'audit
- ***risque*** *d'échantillonnage* : sampling risk
- ***risque*** *de change* : exchange risk
- ***risque*** *de contrôle* : control risk
- ***risque*** *de faillite* : bankruptcy risk
- ***risque*** *de non détection* : detection risk
- ***risque*** *de taux d'intérêts* : interest rate risk
- ***risque*** *inhérent* : inherent risk
- ***risque*** *significatif* : significant risk
- *analyse des* ***risques*** : risk analysis
- *évaluation des* ***risques*** : risk assessment
- *niveau de* ***risque*** *accepté* : risk appetite
- *pallier un* ***risque*** : *adress a risk*
- *prime de* ***risque*** : risk premium

ristourne : rebate, volume discount

rotation

- ***rotation*** *des stocks* : inventory turnover
- *stocks à* ***rotation*** *lente* : slow moving

rubrique : heading

S

s'assurer de, vérifier : to ascertain

saisie, entrée : input

salaire : salary, pay, wage(s)

- ***salaire*** *net* : net wages
- ***salaire*** *non réclamé* : unclaimed wage
- ***salaire*** *(travailleur)* : wages
- ***salaires*** : payroll
- ***salaires*** *(employés)* : salary
- ***salaires****, traitements, appointements* : salaries

salle des marchés : front office

se fier à, faire confiance à, appuyer son opinion sur : to rely on

section auxiliaire : service cost pool

section homogène : cost pool

section principale : producing cost pool

sécurité : safety

sélection d'opérations : integrated test facility

semestriel : half yearly

sensible : sensitive

séparation (des tâches) : segregation (of duties)

séparation des exercices : cut-off

service : department

- ***service*** *commercial* : customer service
- ***service*** *comptable* : accounting department
- ***service*** *courrier* : mail room
- ***service*** *crédit* : credit department
- ***service*** *d'expédition* : shipping department
- ***service*** *de facturation* : billing department
- ***service*** *du personnel* : personnel department
- ***service*** *émetteur* : originating (department)
- ***service*** *informatique* : data processing department
- ***service*** *inspection* : inspection department
- ***services connexes*** : related services

seuil de rentabilité : break-even point

siège (société), siège social : head office, registered office

significatif, important : material

- *caractère* ***significatif*** : materiality, significance

sincérité : correctness

situation financière : financial position

situation nette : net worth, equity

société : company, firm

- ***société*** *à responsabilité limitée (SARL) ; société anonyme* : Limited liability company
- ***société*** *anonyme ouverte au public* : public limited company
- ***société*** *commerciale par action* : corporation
- ***société*** *cotée en bourse* : listed corporation (or company)
- ***société*** *d'investissement* : hedge fund (US)
- ***société*** *d'investissement à capital variable* : mutual fund (US), open end fund
- ***société*** *de personne* : partnership
- ***société*** *de portefeuille,* ***société*** *de holding* : holding company
- ***société*** *de service et de conseil (d'ingénierie) en informatique (SSCI, SSII)* : software house
- ***société*** *dominante* : controlling company
- ***société*** *en participation* : joint venture company

- ***société*** *immobilière (ou foncière)* : real estate company (US)
- ***société*** *mère* : parent company

solde (comptable) : account balance
- ***solde*** *à la date du…* : balance outstanding as of…
- ***solde*** *à nouveau* : balance (carried) forward
- ***solde*** *ajusté* : adjusted balance
- ***solde*** *créditeur* : credit balance
- ***solde*** *d'ouverture* : opening balance
- ***solde*** *de clôture* : ending balance
- ***solde*** *débiteur* : debit balance
- ***solde*** *du compte* : balance of account

- **solder un compte** : to balance an account
- **soldes intermédiaires de gestion** : intermediate balance

solvabilité : solvency

sondage : test, audit sampling
- ***sondage*** *détaillé* : detailed test
- ***sondage*** *statistique* : statistical sampling
- ***sondage*** *visuel* : sight-test

sortie de fonds : disbursement

soumission, adjudication : tender

souplesse : flexibility

sous-activité : under-activity, subnormal capacity, usage

sous-entendre : to imply

souscripteur : subscriber (emprunt), payer (billet)

souscrire à : to take up

spécifier : to specify

spécifique, sur mesure : one off

standards professionnels : professional standards

statuts : articles of incorporation, articles of association

stimulant, incitatif : incentive

stock : stock, inventory

- *base* ***stock*** : stock minimum, stock indispensable
- ***stock*** *comptable* : book inventory
- *fiche de* ***stock*** : stock record
- ***stock*** *d'écoulement lent ou obsolète* : slow-moving and obsolete stock
- ***stock*** *final* : ending (or closing) inventory, closing stock
- ***stock*** *initial* : beginning (or opening) inventory, opening stock
- ***stock*** *physique* : physical inventory (or stock)
- *contrôle des* ***stocks*** : inventory control
- *gestion (ou tenue) des* ***stocks*** : stock (or inventory) control, inventory management

stratégie d'audit : audit strategy

stratégie générale d'audit : overall audit strategy

stratification : stratification

suffisant : sufficient

caractère **suffisant** : **sufficiency**

structure ou dessin (de fichier) : layout (of file)

structure (cadre) : framework

subalterne ; de rang inférieur : junior

substitut (solution de rechange) : alternative

subvention : subsidy, grant

- ***subventions*** *d'investissement* : investment grants

succursale : branch

suivre et comparer : to trace to

support : medium

sûreté garantissant un prêt : collateral on a loan

survaleur, fonds de commerce : goodwill

système : system

- ***système*** *de gestion de base de données (SGBD)* : Data Base Management System (DBMS)
- ***système*** *de références* : visible evidence
- ***système*** *en temps réel* : real-time system

T

tableau : statement

- ***tableau** de financement, **tableau** d'emploi et ressources* : statement of changes in financial position ; statement of source and application of funds
- ***tableau** de rendement d'une obligation* : bond yield table
- ***tableau** de variation de trésorerie (ou des flux de trésorerie)* : statement of cash flow (US)

tarif, liste des prix : price list (tariff GB)

- ***tarif** du distributeur* : distributor's price list

taux : rate

- ***taux** à la pièce* : piece-rate
- ***taux** actuariel (brut)* : yield to maturity, yield to redemption
- ***taux** à terme* : forward rate
- ***taux** comptant* : spot rate
- ***taux** d'actualisation* : discount rate
- ***taux** d'actualisation minimum (choix d'investissement)* : hurdle rate
- ***taux** d'imposition* : tax rate
- ***taux** d'intérêt* : interest rate
- ***taux** d'intérêt nominal* : stated annual interest rate
- ***taux** de base* : prime rate
- ***taux** de capitalisation des bénéfices ; rapport cours/bénéfices* : price-earning ratio
- ***taux** de change* : exchange rate
- ***taux** de coupon* : coupon rate
- ***taux** de distribution* : payout ratio
- ***taux** de rendement* : dividend yield

- ***taux** de rendement actuariel* : yield to maturity
- ***taux** de rentabilité* : rate of return
- ***taux** interbancaire londonien (marché des eurodevises)* : LIBOR (London Inter Bank Offered Rate)
- ***taux** de rentabilité interne (TRI), taux interne de rentabilité* : internal rate of return (IRR)
- ***taux** moyen d'amortissement d'une classe entière d'immobilisations* : composite rate of depreciation

taxe : tax

- ***taxe** sur le chiffre d'affaires* : turnover tax

techniques d'audit : auditing techniques

technique d'audit assistée par ordinateur : computer assisted audit technique

télétraitement : teleprocessing

temps chômé, temps non productif : idle time

tendance : trend

tenir compte de : allow for (to)

tenue des comptes : recordkeeping, bookkeeping

au terme de : completion of

terme : due date, term, instalment

termes : terms

terminal point de vente (TPV) : point of sale device (POS)

terrain : land

terrains, bâtiments et équipements : property, plant and equipment

test, essai, mise au point (d'un programme) : test (of program)

- ***test** d'existence, de confirmation de la réalité des procédures* : transaction review
- ***test** de conformité (compréhension)* : walk through test, compliance test
- ***test** de détail* : test of detail
- ***test** de permanence* : functional tests
- ***test** de validation et de cohérence* : substantive test

- ***test**s de chaîne* : system testing
- ***test**s de programmes* : program testing
- ***test**s type* : specimen tests

tirage, fac-similé : hard copy

tiré : drawee

tirer : to draw

tireur : drawer

- ***tireur**, souscripteur* : maker

titres, valeurs boursières : securities

- ***titre** d'obligation* : debenture bond
- ***titre** de participation* : equity stock
- ***titre** de placement, valeur mobilière* : security
- ***titre** de propriété* : ownership title
- ***titre** nominatif* : registered security

titre gratuit (à) : for free

titre onéreux (à) : for valuable consideration

total non significatif (dépourvu de sens particulier) : hash total

totaliser : to add up

totaux de lots : batch totals

traçage d'audit : audit trail

traçabilité : traceability

traite, lettre de change, effet : draft (= bill)

traiter (documents) : to handle

traiter (transformer) : to process

transaction ultérieure : subsequent transaction

transcrire : convert

transport et expédition : traffic and shipping

transversal : interdisciplinary

travail préliminaire : preliminary work

travaux en cours : work in process, work in progress

trésorier : treasurer

trésorerie (espèces, caisse, liquidités) : cash, liquidity, cash in hand

trier les chèques payés : to sort cancelled checks

trimestriel : quarterly

trust : trust

TVA : VAT (Value Added Tax)

U

unité d'affaires : business unit

usine : plant

usure (normale) : wear and tear

utiliser des références croisées pour établir une articulation entre les différents éléments qui composent un dossier : to cross reference or cross index

V

valeur : value

- *sans* ***valeur*** *nominale* : no par value
- ***valeur*** *à la casse* : scrap value
- ***valeur*** *à neuf* : value as new
- ***valeur*** *actuelle* : present value, discounted value
- ***valeur*** *actuelle de remplacement* : current value
- ***valeur*** *actuelle nette* : net present value
- ***valeur*** *ajoutée* : value added
- ***valeur*** *comptable* : book value
- ***valeur*** *d'inventaire* : stock taking value
- ***valeur*** *d'utilité, juste* ***valeur*** : fair value
- ***valeur*** *de liquidation* : liquidation value
- ***valeur*** *de l'actif économique* : entreprise value (UK), firm value (US)
- ***valeur*** *de remplacement* : replacement value
- ***valeur*** *de reprise* : trade-in allowance
- ***valeur*** *future* : future value
- ***valeur*** *imposée* : assessed valuation
- ***valeur*** *nette de réalisation* : net realisable value
- ***valeur*** *nette réelle* : equity
- ***valeur*** *nominale* : nominal value, face value, par value
- ***valeur*** *nominale* : par value
- ***valeur*** *résiduelle* : residual value, salvage value
- ***valeur*** *vénale* : sale value
- ***valeurs*** *(boursières)* : securities
- ***valeurs*** *au porteur* : bearer securities
- ***valeurs*** *d'exploitation* : working assets, operating assets

- ***valeurs** non remboursables* : irredeemables
- ***valeurs** négociables, titres de placement (négociables en bourse)* : marketable securities

valorisation : valuation

variation : fluctuation

- ***variation** du fonds de roulement* : change in working capital

vendeur, représentant : salesman

vente : sale

- ***vente** à tempérament* : instalment sale, sale on instalments
- ***ventes** brutes* : gross sale
- ***vente** consécutive à une saisie* : foreclosure sale
- ***vente** en gros* : wholesale
- ***ventes** nettes* : net sales

ventilation des coûts : costs distribution, costs allocation

ventiler, répartir, affecter : to allocate

véracité, crédibilité, fiabilité : reliability

vérification : checking

- ***vérification** comptable* : auditing
- ***vérification** de corrélation (des liens de dépendance)* : dependency check
- ***vérification** de vraisemblance* : reasonableness check
- ***vérification** du contenu d'un rapport* : referencing
- ***vérification** fiscale* : tax investigation
- ***vérification** périodique* : cyclical checking

vérificateur : controller, inspector, auditor

vérifier

- ***vérifier** (compt.)* : to check, to verify, to audit
- ***vérifier** à l'aide de…* : to check against
- ***vérifier** l'exactitude mathématique des additions et soustractions horizontales* : to cross-foot
- ***vérifier** que les mouvements physiques au cours d'une période ont bien été comptabilisés au titre de cette même période* : to check cut-offs

versement : payment

- ***versement****, remise de fonds, paiement* : remittance
- ***versement*** *périodique,* ***versement*** *partiel* : installment (or instalment)

verser : to put down

en **vigueur** : in effect, in force

violation : violation

virement : transfer

- ***virement*** *bancaire* : inter-bank transfer

viser, parafer : to initial

visiter : to tour

visualiser, afficher : to display

vol : theft

Achevé d'imprimer en décembre 2007
dans les ateliers de Normandie Roto Impression s.a.s.
61250 Lonrai
N° d'impression : 07-3624
Dépôt légal : décembre 2007

Imprimé en France